Z. B. STEIN · CHIRON

Zane B. Stein
CHIRON

CHIRON VERLAG

CIP Titelaufnahme der Deutschen Bibliothek

Stein, Zane B.:
Chiron / Zane B. Stein. (Übers.: Reinhardt Stiehle). - 2.,erw.
u. überarb. Auflage. - Dusslingen: Chiron-Verl., 1988
  Einheitssacht.: Interpreting Chiron (dt.)
ISBN 3-925100-06-7

2. erweiterte Auflage

© CAO Times Inc., New York, USA
© der deutschsprachigen Ausgabe Chiron Verlag 1985, 1988
Alle Rechte vorbehalten
Druck: Fuldaer Verlagsanstalt
Thanks to Ulla

Zu beziehen durch den Buchhandel oder direkt beim
CHIRON VERLAG, Postfach 29, D-7409 Dusslingen

Printed in Germany

ISBN 3-925100-06-7

Inhalt

Die Entdeckung
7

Schlüsselbegriffe
13

Planetenherrscher
20

Transite
25

Felder
33

Chiron in den Feldern
36

Aspekte
52

Chiron in den Zeichen
65

Progressionen
74

Saturn und Uranus
76

Anhang
79

Die Entdeckung

Chiron wurde 1977 entdeckt, und wir wissen inzwischen schon sehr viel über ihn - mehr sogar als wir über Pluto wenige Jahre nach dessen Entdeckung wußten. Aber um das Wesen Chirons wirklich verstehen zu können, muß er im Zusammenhang mit den anderen Entdeckungen gesehen werden, welche in demselben Zeitraum gemacht wurden. Denn Chiron ist, auch wenn er zweifellos eine einzigartige Bedeutung hat, dennoch ein Teil von den vielfältigen Veränderungen, die sich in dem Bewußtsein der Menschheit anzeigen.

Im März 1977 wurde die Welt durch eine Neuentdeckung bezüglich des Uranus in großes Erstaunen versetzt. Nun gut, Uranus ist schon immer ein Schocker gewesen. Im Jahre 1781 wurde die Welt aufgrund seiner Entdeckung aufgerüttelt. Denn seit Tausenden von Jahren galt Saturn als der äußerste Himmelskörper - die absolute Grenze. Seine Ringe wurden als der Inbegriff dessen angesehen, wofür Saturn stand: Beschränkung. Als dann aber Uranus gefunden wurde, zerstörte er die bestehenden Vorstellungsbilder des Sonnensystems vollkommen. Nach weiteren Forschungen stellte sich heraus, daß seine Umlaufbahn sehr unkonventionell ist, denn man bemerkte, daß er sich im Vergleich zu den anderen Planeten rückwärts bewegte, und daß sich seine Rotationsachse in einem Winkel von beinahe 90° gegen die Umlauf-Ebene der anderen Planeten neigte. Selbst seine Monde wurden mit ganz ungewöhnlichen Namen getauft, nämlich nach Charakteren aus Shakespeares Theaterstücken, anstatt, wie bisher üblich, nach mythologischen Wesen. Man dachte sich, daß Uranus absolut nichts mit dem Planeten Saturn gemeinsam hätte.

Aber in jenem schicksalsträchtigen März wurden Ringe um Uranus entdeckt! Das Ringsystem war also nicht mehr länger ein Monopol von Saturn, und damit gab es zwischen beiden Planeten eine eindeutige Gemeinsamkeit. Und somit schockierte Uranus erneut! Was haben beide nun gemeinsam? Sie lehren beide die Lektionen von der Verantwortlichkeit, bei beiden gibt es einen Bezug zur Zeit (Saturn bringt das Vergangene zur Gegenwart, Uranus überführt das Gegenwärtige in die Zukunft) und beide haben mit der Bestimmung des Selbsts zu tun. Saturn legt die Grenzen des Einzelnen genau fest und Uranus weist den Weg hin zur Individualität. Die Tatsache, daß beide ein Ringsystem haben, legt nahe, daß wir uns jetzt klarmachen, oder wenigstens klarmachen sollten: Die Prinzipien von beiden sind miteinander verknüpft. Ein Zuviel des einen ist gerade so schlecht wie ein Zuviel des anderen, sodaß Uranus kommen und uns in Balance bringen muß, wenn wir uns zuweit mit Saturn einlassen (und umgekehrt). Denn schließlich symbolisieren beide sehr wichtige Schritte in dem Entwicklungsprozeß des Individuums.

Nachdem nun aber das Ringsystem von Uranus gesichtet worden war, war auch der Weg für die Entdeckung Chirons geebnet, und dies geschah durch den Astronomen Charles Kowal am 1.November 1977. Kowal fotografierte routinemäßig jeden Monat einen Himmelsabschnitt in der Nähe des Oppositionspunktes der Sonne. Anschließend wurden die Aufnahmen sorgfältig mit einem Gerät untersucht, welches in sehr schnellem

Wechsel ein Segment der ersten Fotoplatte zeigt, dann eines der zweiten. Sterne erscheinen dabei stationär, während sich bewegende Objekte von einer Seite zur anderen zu hüpfen scheinen.

Im Oktober bekam er nur eine Serie von Aufnahmen, nämlich in den Nächten des 18. und 19. Oktober. Er hatte zunächst mehrere Tage lange nicht die Gelegenheit, die Platten einer eingehenden Prüfung zu unterziehen. Als er dann aber am 1. November wieder in sein Büro zurückkehrte und die Aufnahmen untersuchte, machte er ein Objekt innerhalb der Uranusbahn ausfindig. Dies war das 'Objekt Kowal', welchem er wenig später den Namen Chiron gab. Nach weiteren Studien tauchten noch andere Fotos von Chiron auf, wobei die ersten aus dem Jahre 1895 stammten. Auf einer Platte von 1941 war sogar Chirons Schweif markiert worden, aber man hatte dies nicht weiter verfolgt. Die Menschheit mußte noch auf den speziellen Augenblick warten - eben jenen 1. November 1977 mit Chiron auf 3°08' Stier - bis sie für diese Neuigkeit bereit war.

Die Astronomen sind sich übrigens noch nicht ganz im Klaren darüber, was Chiron eigentlich ist, obwohl sie verschiedene Theorien haben. Die Theorie, welche auch die naheliegenste zu sein scheint, besagt, daß Chiron durch unser Sonnensystem von außerhalb eingefangen wurde, und vielleicht irgendwann wieder hinausgeworfen wird.

Man fand Chiron auf einer Umlaufbahn zwischen Saturn und Uranus!! Und seine Bahn entpuppte sich als äußerst extreme Ellipse - und zwar noch stärker elliptisch als Plutos Bahn. Im Aphel, also dem von der Sonne am weitesten entfernten Punkt, reicht Chiron sogar tatsächlich bis an die Uranusbahn heran. Noch interessanter ist der Umstand, daß er im Perihel, der größten Sonnennähe, sogar die Umlaufbahn des Saturns überkreuzt und damit unserer Erde näher kommt, als dies Saturn jemals möglich ist. Auf diese Weise ergab sich, daß Chiron als Verbindungsglied oder Brücke zwischen diesen zwei Hauptplaneten agiert, indem er innerhalb eines jeden Zyklus (welcher je nachdem zwischen 49 und 51 Jahren schwankt) zwischen beiden hin und her schwingt. Jetzt sehen wir auch, warum zuerst das Ringsystem von Uranus entdeckt werden mußte - damit wir den verbindenden Prozeß, den Chiron repräsentiert, richtig einzuschätzen vermochten.

Das dritte Teilstück des Puzzles wurde im darauffolgenden Jahr entdeckt. Es stellte sich plötzlich heraus, daß Pluto, dem man bisher die exzentrischste Umlaufbahn aller Planeten zugeschrieben hatte, von einem Mond umkreist wurde. Dies wirkte sich drastisch auf unsere Wahrnehmung von Plutos Umfang aus, denn damit war Pluto schlagartig viel kleiner, als bisher eigentlich immer angenommen wurde. Einige Astronomen begannen sich sogar zu fragen, ob man ihn vom Rang eines Planeten in den eines Planetoiden zurückstufen sollte. Wenn die wirkliche Größe bei seiner Entdeckung in den Dreißiger Jahren bekannt gewesen wäre, dann wäre es durchaus möglich gewesen, daß die Astrologen ihn gänzlich ignoriert hätten – ausgehend von der Annahme, daß etwas, das so klein ist, keinen Einfluß mehr haben kann.

Aber wir wissen inzwischen alle, wie einflußreich gerade Pluto ist. Es ist heute geradezu unvorstellbar, ihn nicht mit in Horoskope einzubeziehen. Somit hat der Mond von Pluto (Charon genannt) bestätigt, daß sogar ein kleiner Himmelskörper mächtige Einflüsse haben kann. Und damit wurde es auch viel plausibler, daß Chiron mit dem Umfang eines großen Asteroiden Wirkungen, vergleichbar mit denen eines Hauptplaneten haben kann.

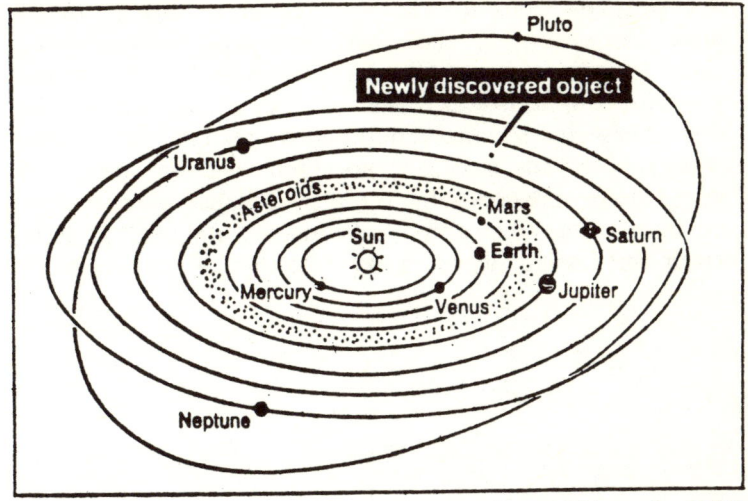

The New York Times/Nov. 9, 1977

Und noch etwas über Pluto. Dr. Brian G. Marsden vom Astrophysikalischen Observatorium des Smithsonian Institute hat vorgeschlagen, daß für die Himmelskörper, welche die Bahnen anderer kreuzen, eine spezielle Kategorie ersonnen und ein neuer Name erfunden werden sollte. Sie würden nicht als Planeten, Asteroiden oder Kometen klassifiziert werden, sondern wären einzig und allein in dieser speziellen Klasse. In die besagte Kategorie wären Pluto (der die Umlaufbahn Neptuns kreuzt), Chiron (welcher die Saturnbahn überquert) und Hidalgo (bisher als Asteroid bezeichnet, kreuzt aber die Bahn Jupiters) einzubeziehen. Hidalgo verdient übrigens ebenfalls mehr Beachtung. Seine Umlaufzeit beträgt 14 Jahre (2x7) und er steht somit in Verbindung mit Saturn (4x7), Chiron (7x7) und Uranus (12x7).

So, nachdem ich nun den allgemeinen Bezugsrahmen erläutert habe, möchte ich jetzt mit der Beschreibung der speziellen Bedeutungen Chirons, soweit sie sich inzwischen gezeigt haben, beginnen. Es ist klar, daß wir erst am Anfang eines Verständnisses von Chiron stehen, da er ja erst vor kurzem entdeckt wurde. Aber die Ergebnisse der bisherigen Untersuchungen deuten wiederholt bestimmte Thematiken an. Ich werde mehrfach, wie oben beschrieben, auf Chirons Beziehungen zu Saturn und Uranus verweisen und gelegentlich auch auf seine Verbindung mit Pluto und Hidalgo.

Schlüsselbegriffe

Das Schlüsselwort, welches Chiron am besten entspricht, lautet EINZELGÄNGER (engl.= maverick). Dieses Wort kam im Englischen ursprünglich von einem Mann namens Samuel A. Maverick, einem amerikanischen Pionier und Viehzüchter, welcher sein Vieh, im Gegensatz zu den anderen Ranchern, nicht mit einem Brandzeichen markierte. Das Wort wurde schließlich zur Bezeichnung für denjenigen, der sich abseits von seinen Zeitgenossen stellt. Es charakterisiert ein unabhängiges Individuum, welches sich weigert, konform zu sein. Es steht für denjenigen, der sich keiner Partei, keiner Clique und keiner bestimmten Gruppe anschließt, also jemanden ohne ein 'eingebrandtes Herdenzeichen', was bei dessen Zeitgenossen sonst der Fall ist. 'Mavericks' schaffen sich allzu leicht Feinde bei denen, die irgendeiner bestimmten Gruppierung angehören, denn diese Leute meinen, "wer nicht für mich ist, der ist gegen mich." Was nun jedoch den Maverick anbelangt, so ist dieser weder für noch gegen ihre Prinzipien. Und das ist auch genau der Punkt, an dem sich Chiron sowohl von Saturn, als auch von Uranus unterscheidet. Saturn möchte die Tradition erhalten und traditionelle Glaubenssysteme verteidigen, er verursacht eine 'Wir oder Sie'- Aufspaltung. Uranus dagegen will das Alte niederreißen, nicht selten in der Manier der Bilderstürmer. Allzu leicht kann er den Drang entwickeln, die Struktur irgendeiner Gruppe in die Luft zu sprengen. Aber Chiron, der Einzelgänger will das Bestehende weder verteidigen noch es vernichten - er steht vielmehr abseits davon.

HEILUNG und GANZWERDUNG sind Chirons Losungsworte. Wenn man sich in einem Ungleichgewicht befindet, zuviel oder zuwenig von etwas hat, dann muß diese Situation sobald wie möglich bereinigt werden. Andernfalls kann dies zu Gesundheitsproblemen führen, sei es körperlicher, emotionaler oder spiritueller Natur. Wenn man eingeschlossen ist, kann man sich vor einer Ganzwerdung abschotten, weil man sich der vielen Welten dort draußen, die es zu erforschen gilt, nicht einmal bewußt ist. Saturn kann eine solche Wand sein, die uns vor allem beschützt, was draußen ist, uns jedoch auch von neuen Erfahrungen und notwendigem Wachstum isoliert. Saturn kann eine Stagnation erzeugen, oder eine Sackgasse. Dem gegenüber kann uns Uranus eine neue Welt vor Augen führen, welche uns auf der anderen Seite der Mauer erwartet. Wenn sich die Person aber gegen eine Öffnung weigert, dann kann Uranus zu einer verwüstenden Kraft werden, welche diesen Schutzwall zerstört und wirklich verheerende Rache an der Gesundheit nimmt. Dann muß man wieder aufbauen, vorausgesetzt man ist dazu in der Lage, und dies kann sich unter Umständen langsam und schmerzlich vollziehen. Aber Chiron ist ein SCHLÜSSEL, der ein Tor in der Wand des Saturns aufschließt. Er erlaubt uns, durch diese Öffnung in die uranische Welt einzutreten, auf daß wir das entdecken können, was wir zu unserer Heilung und Vervollkommnung brauchen, ohne dabei aber gleichzeitig den Schutz von Saturn abrupt zu verlieren. Es kann sein, daß er etwas von unserem Leben wegnimmt, sodaß die Sackgasse nicht mehr länger besteht. Es handelt sich allermeistens um eine

Zeit, auf die wir später zurückblicken und sagen: "Das war wirklich ein Wendepunkt". Die Vervollkommnung durch Chiron kann Erfahrungen und Prüfungen mit sich bringen, die uns, nachdem wir sie selber erst einmal durchgestanden haben, dazu befähigen, anderen Ratschläge zu erteilen. Man kann sagen, daß gemäß Chirons Tendenz, entweder die Uranus- oder die Saturnenergie zu verstärken, er dort Veränderungen mit sich bringt, wo zuviel Stabilität vorhanden ist und dort Stabilität, wo es zuviel Wechselhaftigkeit gibt. Wenn Chiron kommt, offenbaren sich neue Welten oder alte Pforten schließen sich für immer.

Chiron symbolisiert die GEMEINSAME BASIS. Betrachten wir einmal die Mauern eines Hauses bildlich als Saturn und alles außerhalb davon als Uranus. Bei fest verschlossenen Fenstern und Türen kann jemand, der sich in dem Haus befindet, keine Kenntnis dessen haben, was sich draußen abspielt. Und jemand der draußen ist, kann nicht nur nicht wissen, was drinnen vor sich geht, sondern er muß vielmehr, will er hineingelangen, das Haus niederreißen, es sei denn, er findet einen Schlüssel. Wenn die Türe jedoch unverschlossen und geöffnet ist, kann man ohne weiteres von innen heraustreten und das Äußere erforschen, und genauso gut kann jemand von draußen hineingelangen, ohne daß er die Mauern des Gebildes in irgendeiner Form zerstört. Somit ist, wenn man darüber genau nachdenkt, die Türöffnung selber die gemeinsame Grundlage. Sobald das Tor erst einmal geöffnet ist, erlaubt es den Zutritt in beide Richtungen. Man kann also sagen, die Öffnung selbst gehört zu beiden - Saturn und Uranus - oder zu keinem.

Wenn wir geboren werden, sind unsere Eltern von bestimmten Dingen in Anspruch genommen, und sie glauben, daß diese gelöst werden müssen; also gewisse Schwierigkeiten und Hindernisse, die überwunden werden müssen. Eben diese Probleme werden dem Kind während seines Aufwachsens ziemlich deutlich gemacht. Das Tierkreiszeichen, in welchem Chiron gerade steht, repräsentiert die gegenwärtige Hauptbeschäftigung der Eltern zu dem jeweiligen Zeitpunkt. Somit verlagert sich diese jedesmal, wenn Chiron in ein neues Zeichen eintritt. Für das Kind, welches gerade geboren wurde, als die Eltern sich über Hindernisse aufgrund bestimmter Chiron-Transite sorgten, für dieses Kind verblaßt der Wunsch, jene Grundkonflikte zu überwinden, mit Chirons Zeichenwechsel nicht. Stattdessen werden diese zu einem persönlichen Imperativ, der dem Kind ein Leben lang erhalten bleibt. Es wächst auf und spürt, daß diese Problematik immer höchste Priorität hat; daß ihm bei der Lösung irgendwelcher Konflikte, die sich in diesen Bereichen erheben, nichts im Wege stehen darf. Denn es sind gerade jene Schwierigkeiten, welche von Chirons Tierkreiszeichen angedeutet werden, die von allen als bedeutsam erachtet werden sollten. Im Bereich jener Zeichen und Felder, die von Chiron beeinflußt werden, glaubt der Native, daß keine Mauer, kein Hindernis, keine Regel oder Beschränkung auch nur annähernd so wichtig ist, als daß er dadurch an der Lösung eines Problemes gehindert werden könnte: somit wird er gerade in diesen Bereichen über Saturn hinausgelangen, wenn es nötig ist, oder Saturn ignorieren, wenn er muß.

Im Laufe der Zeit und mit zunehmender Erfahrung entsteht durch Chiron bald das Bedürfnis, nach einem Lebenssinn zu suchen, welcher tiefgründiger ist als jener, der von Jupiter zum Ausdruck gebracht wird, dauerhafter als Saturn und welcher trotz der Veränderungen, die Uranus mit sich bringt, beständig bleibt. Er kann zu einer persönlichen Suche werden, weil ein Mensch überall nach etwas strebt, das zu jeder Zeit und an jedem Ort bedeutungsvoll ist. Er repräsentiert somit das JETZT, das Verbindungsglied zwischen Vergangenheit und Zukunft und wird sich interessiert zeigen, jede Kluft zu überbrükken, welche zwischen diesen beiden vorliegt. Wenn eine Person erst einmal anfängt, den tieferen Sinn des Lebens zu entdecken, dann verkörpert Chiron den LEHRER, der für andere neue Welten zu eröffnen wünscht und in ihnen einen Funken entzünden möchte, damit auch sie lernen und ihre eigene Suche beginnen mögen. Dies kann auch in dem Wunsch von Eltern zum Ausdruck kommen, einem Kind die Welt zu offenbaren. Dasselbe gilt auch bei jeder anderen Person, die sich bemüßigt, ein Kind darauf vorzubereiten, der Welt ins Auge zu sehen (z.B. Pflegeeltern).

Er ist die Zeit jenseits der linearen, chronologischen Zeit: Chiron entspricht Chiros - der zeitlosen Zeit - wenn die gewöhnliche Uhrzeit aufhört von Bedeutung zu sein. Es handelt sich um jene Augenblicke, in denen wichtigste Entscheidungen gefällt und die kreativsten Arbeiten vollbracht werden. Weiterhin scheint eine Verbindung zu existieren zwischen Chiron und der Nullphase des Mondes (Manchmal kann diese nur ein paar Sekunden dauern, machmal aber auch gleich drei Tage am Stück. Sie beginnt mit dem letzten Hauptaspekt des Mondes vor dem Zeichenwechsel und endet mit dem Eintritt in das neue Zeichen. Laut Al H. Morrison, der diesen Zusammenhang entdeckte, ist diese Phase für Unternehmungen aller Art ungeeignet.)

Chiron repräsentiert auch einen WENDEPUNKT, welcher entweder positiv oder negativ in Erscheinung treten kann, der aber deutlich als ein Zeitraum in Erinnerung bleibt, in dem das Leben in gewisser Hinsicht seine Richtung geändert hat oder sich an einige neue Umstände anpassen mußte. In der Regel erinnert man sich daran, daß dies eine Phase war, in der sich neue Perspektiven eröffneten oder Tore geschlossen wurden, was einen dazu zwang, in eine neue Richtung zu blicken, wodurch in gewisser Hinsicht Stagnation verhindert wurde.

Manche Dinge werden durch ein System, das hemmt oder aktiviert, im Gleichgewicht gehalten. Dieses System bewahrt vor zu schnellem oder zu extensivem Wachstum, oder es hält die Dinge derart in einem Zusammenspiel, daß sie nicht auseinanderfallen. Wenn ein Teil des Systems nicht richtig funktioniert, oder wenn es sich herausstellt, daß es die ganze Zeit über schlecht war, so wird man das gesamte System als fragwürdig betrachten müssen. Zeitweilig können auch die Kontroll- und Ausgleichmechanismen versagen, was unkontrollierbares Wachstum, Expansion oder Abspaltungen zur Folge hat. Dies ist vergleichbar mit dem Ziehen des Steckers aus der Steckdose oder dem Wegbringen des Muttertieres. Chiron kann diese Rolle übernehmen, wobei es eventuell anfangs so aussieht, als ob es keine Möglichkeit mehr gibt zu bremsen. Aber Chiron hat eine besondere Kraft, Zwänge und Beschränkungen zu beseitigen. Als Menschen neigen wir dazu, uns allzu sehr auf ein System zu verlassen, wenn wir erst einmal herausgefunden haben, daß es funktioniert. Chiron erinnert uns aber flugs daran, daß kein System vollkommen ist. Jedoch im Gegensatz zu Uranus zerstört Chiron nicht gleich alles. Er lenkt vielmehr unsere Aufmerksamkeit auf einige schwache Stellen oder er zeigt uns die Art und Weise, in der wir uns zu sehr darauf verlassen. Sobald wir dies aber verbessern, werden wir sehr schnell zu einem Kontroll- und Balancesystem zurückfinden können, wobei wir diesmal (hoffentlich) weiser sein werden.

Was wollen wir mehr? Als der Stecker gezogen wurde, hatten wir die Möglichkeit, sehr viel über die Natur des Entfesselten zu erfahren. Somit haben wir nun genügend Wissen erlangt, um wesentlich besseren Gebrauch davon zu machen und seine Kraft anzuzapfen. Diese Periode ist eine wichtige Lehrzeit. Wenn wir gute Schüler sind, finden wir jetzt sehr viel mehr Kraft in unserem Leben vor, die wir aufdrehen und verwenden können – beinahe so, wie wenn man einen Zapfhahn aufdreht.

Und Chiron repräsentiert auch die Schlupflöcher die uns dazu befähigen, das System zu umgehen, anstatt von ihm eingekerkert zu werden.

Planetenherrscher

Dies wurde bislang noch nicht entschieden; tatsächlich scheinen diesbezüglich mehrere verschiedene Standpunkte zu existieren, wobei es für jeden eine eigene Gruppe von Verfechtern gibt. Aber viele Forschungen wurden bisher schon unternommen, um hierüber einen gewissen Grad an Zuverlässigkeit zu erreichen. Hier die Standpunkte im einzelnen: Waage, der ganze Bereich Skorpion-Schütze, Schütze, Zwillinge, Jungfrau, das Waage-Dekanat im Wassermann oder überhaupt kein Zeichen. Ich persönlich bin der Ansicht, daß Chiron am meisten mit der höheren Oktave der Waage gemeinsam hat, aber ich behalte mir ein endgültiges Urteil vor. Oh ja, es gibt noch eine weitere Sichtweise, nämlich die, daß Chiron im Zeitalter des Wassermann den tropischen Schützen beherrschen wird und nicht die siderische Waage, da diese beiden zusammenfallen werden.

Aber vielleicht sollten wir uns ein paar generelle Gedanken über die Herrscher machen. Die meisten Astrologen verwenden das traditionelle System der Herrscher bei ihrer Arbeit. Dabei regiert die Sonne im Löwen, der Mond im Krebs und die Planeten von Merkur bis Saturn herrschen in jeweils zwei Zeichen. Darüber hinaus haben die meisten Astrologen auch die Planeten Uranus, Neptun und Pluto in ihr System aufgenommen, indem sie ihnen eine Mit-Regentenschaft über jeweils ein Zeichen geben. (Es gibt jedoch rege

Diskussionen darüber, in welchen Zeichen sie herrschen sollen, vor allem im Fall von Pluto.)

Dank der Pionierleistung von Eleanor Bach wurde die Aufmerksamkeit der Astrologen in den frühen siebziger Jahren auf die Asteroiden Ceres, Pallas, Juno und Vesta gelenkt. Diese vier Himmelskörper vermitteln zwar vielfältige Einsichten bei der Deutung von Horoskopen, aber sie haben auch ein bißchen Verwirrung in die ganze Idee der Herrscher gebracht. Ursprünglich spekulierte man, daß alle vier (und vermutlich der gesamte Asteroiden-Gürtel) im Zeichen Jungfrau herrrschen würden. Dies könnte helfen zu erklären, warum Jungfrau ein solches Interesse an den kleinsten Details hat, und warum Jungfrau sich so sehr von den Zwillingen unterscheidet, dem anderen von Merkur regierten Zeichen. Aber dann veränderte sich die Hypothese: Ceres und Vesta wurden der Jungfrau zugeordnet, Pallas und Juno der Waage.

Diese Himmelskörper sind sehr klein, viel kleiner als jeder Planet. Kann einer oder zwei, so klein wie sie sind, auf dieselbe Art und Weise in einem Zeichen mitherrschen, wie etwa Neptun in den Fischen? Es war mir möglich die ganze Masse des Asteroiden-Gürtels als Herrscher über ein Zeichen zu akzeptieren. Aber wenn wir damit anfangen, verschiedene Asteroiden unterschiedlichen Zeichen zuzuordnen, dann muß sich das gesamte Konzept der Herrschaft verändern.

Dies wurde durch zwei Begebenheiten noch verdeutlicht: 1977 wurde der Kleinplanet Chiron entdeckt, und auch wenn er nur so groß ist wie einer der größeren Asteroiden, so scheint er doch einen genauso starken Einfluß zu haben wie ein Hauptplanet. Dann veröffentlichte CAO TIMES im Jahre 1980 Ephemeriden von sechs bislang unerforschten Asteroiden, die alle bemerkenswerte Einflüsse haben. Wo sollen wir Chiron unterbringen? Und was sollen wir mit Hidalgo, Toro, Eros, Icarus, Sappho und Lilith machen? (Zwischenzeitlich wurden noch mehr solche Ephemeriden für andere Asteroiden veröffentlicht, und weitere sind angekündigt.) Also, was sollen wir tun? Jeden Asteroiden einem anderen Zeichen zuordnen? Es gibt buchstäblich tausende von Asteroiden, was bedeuten würde, daß es im Endeffekt für jedes Zeichen hunderte von Herrschern gäbe. Oder, wenn alle Asteroiden nur mit Jungfrau oder Waage verknüpft sind, wie läßt sich da noch ein Horoskop interpretieren, wenn der Aszendent einer Person über 1000 Herrscher hat?

Ich möchte eine neue Kategorie vorschlagen, welche Chiron und alle Asteroiden, mit denen man arbeiten möchte, umfassen würde. Aber zuerst sollten wir uns mit dem Begriff "Herrschaft" auseinandersetzen. Herrschen heißt Kontrolle, Einfluß, Führung oder Autorität über etwas ausüben. Zum größten Teil machen die Planeten genau dies mit ihren entsprechenden Zeichen. Zum Beispiel sind die Zwillinge das Denken und Merkur ist der logische Verstand. Selbstverständlich wird der Geisteszustand einen beträchtlichen Einfluß auf das ausüben, was jemand denkt. Ich habe soweit keine Probleme mit den Planeten, die in Zeichen "herrschen".

Aber ich habe die Erfahrung gemacht, daß sowohl der Einfluß der Asteroiden, als auch der Chirons ganz anderer Natur ist. Ich fand nämlich heraus, daß ein Asteroid in Beziehung steht zu einer ganz bestimmten Facette eines Zeichens und daß er in dieser engen Zone sehr wirkungsvoll ist. Aber andere Bereiche des Zeichens scheinen von dem besagten Asteroiden nicht beeinträchtigt zu werden.

Nehmen wir zum Beispiel Ceres. Ich sah, daß sie beispielsweise zu solchen Dingen neigt wie etwa der Besorgnis der Jungfrau, auch ja nützlich und produktiv zu sein, ebenso zu Jungfraus Teilnahme an den Leiden von anderen. Wenn es sich jedoch um die höchsten Belange der Jungfrau handelt, nämlich Kleinigkeiten und Reinheit, dann scheint Ceres keine Auswirkungen zu haben. Aber in diesem Bereich zeigt sich Vesta.

Meine Hypothese ist, daß die Asteroiden ganz spezifische Bedeutungen verkörpern, welche wichtige, aber eben eingegrenzte Bereiche abdecken. Die Hauptplaneten betreffen dagegen die größeren und allgemeineren Archetypen, mit einer Vielzahl von Schattierungen.

Das Wesentliche an dieser Hypothese ist, daß diese Asteroiden in jenen Bereichen eines Zeichens nicht "herrschen" - sie wirken viel eher als Filter.

Man kann also sagen, um sich mit einem bestimmten Bereich eines Zeichens zu befassen, muß man den Asteroiden erörtern, der dazu in Verbindung steht. Der Asteroid filtert alle Energien und Antriebe heraus, die keine Beziehung zu dem besonderen Thema haben. Somit haben wir sehr viel freien Willen in jedem Zeichen, indem wir uns entscheiden, welchen Gesichtspunkt dieses Zeichens (oder mit anderen Worten, welchen Asteroiden) wir zum Durcharbeiten auswählen. In gewisser Hinsicht hat der Asteroiden-Gürtel sogar Ähnlichkeit mit einem Filter zwischen den Planeten Mars und Jupiter!

Bezüglich Chiron gibt es eine Modifizierung des soeben beschriebenen. Dazu möchte ich auf die Mythologie von Chiron verweisen. In dem Mythos hatte er eine Höhle in einem Berg. Wenn ein potentieller Held seiner Fürsorge anvertraut wurde, nahm er den Schüler tief mit in die Höhle hinein und unterrrichtete ihn dort. Er kam erst wieder heraus, wenn er von Chiron soweit transformiert worden war, daß er sein persönliches Schicksal erfüllte.

Chiron ist dort, wo bestimmte Planeten hingehen, um für einen höheren Zweck zu arbeiten, nachdem sie aus eigenem Antrieb soweit wie nur möglich gegangen sind. Dies tritt ein, wenn jemand in den Belangen eines Zeichens bis ans Äußerste gegangen ist, aber noch weiter darüber hinaus gelangen möchte. Dann wendet sich die Energie jenes Zeichenherrschers an Chiron und dieser übernimmt die Aufgabe, indem er die Person in den notwendigen Entwicklungsstand versetzt, damit diese weiterhin ihr persönliches Schicksal verfolgen kann. Dies ist ein Wendepunkt, wenn der Planet auf Chiron zutritt und sagt: "Du übernimmst das".

Wohlgemerkt, ich sagte, "bestimmte Planeten" gehen zu Chiron, nicht nur einer! Ich meine, daß Chiron bei mehr als nur einem Zeichen aushilft. Schütze gehört bestimmt dazu; Jupiter schickt oft nach Chirons Hilfe. Auch bei der Waage scheint diese Verbindung mit Chiron vorzuliegen, aber ich bin mir nicht sicher, ob Venus etwas an Chiron delegiert oder ein bislang noch nicht entdeckter Herrscher. (Transpluto oder Isis, wie er von Edith Wangemann bezeichnet wird, gilt für viele als der wahre Herrscher der Waage.)

Es ist möglich, daß dies auch noch für das eine oder andere Zeichen zutrifft. Es ist sogar möglich, daß alle zwölf so verfahren. Aber ich glaube eher, daß die anderen Zeichen ihre Schüler auf Umwegen in Chirons Höhle schicken, zunächst vom Herrscher zu Schütze oder Waage und dann erst zu Chiron oder sie prallen von ihrem Asteroiden ab, der sie bei Chiron einschleust.

Transite

Eine gute Vorstellung von den Chiron-Transiten erhält man beim Lesen des Kapitels über die Schlüsselbegriffe. Einige Punkte müssen jedoch hier nochmals diskutiert werden. Chiron scheint sowohl schwierige, als auch erleichternde Situationen durch Transite herbeizuführen, je nachdem, ob der Transit eine Konjunktion, ein Quadrat, ein Trigon oder sonst eine Winkelbeziehung aufweist. Er wird dem Geborenen sehr häufig Türen öffnen, außer bei Aspekten mit Mars oder Saturn. Ferner scheint er aber noch öfters die Verriegelung der Pforten einzuleiten, und damit die Notwendigkeit, über das gegenwärtige Umfeld hinauszublicken. Obwohl es durchaus möglich ist, daß sich sein Einfluß noch einige Grade weiter bemerkbar macht, habe ich selber keine Wirkung mehr registriert, wenn der Transit mehr als 3° entfernt war. Klare und eindeutige Ergebnisse erkannte ich nur innerhalb eines Orbis von 1°30'.

Die für mich interessantesten Chiron-Transite sind jene, welche er mit seiner eigenen Radix-Position aufweist. Besonders erwähnenswert in diesem Zusammenhang ist nochmals seine sehr exzentrische Umlaufbahn. So steht er beispielsweise in der Waage gerade 1 3/4 Jahre, während er im Widder mehr als 8 1/4 Jahre zubringt. Diese Tatsache bringt einige erstaunliche Unterschiede hervor, je nachdem in welchem Zeichen Chiron gerade steht, und wann er seinen ersten Aspekt mit der Radixposition hat.

Nun, bezüglich Saturn strotzt die astrologische Literatur geradezu an Artikeln darüber, wie Saturn/Saturn-Aspekte den Lebenslauf des Menschen in gleichmäßige Abschnitte von jeweils sieben Jahren einteilen. Die Umlaufbahn des Saturn ist so regelmäßig, daß man ohne Ephemeride in etwa sagen kann, in welchem Abschnitt des Zyklus sich jemand gerade befindet, indem man einfach nach dem Alter des Betreffenden fragt. Beispielsweise hat jeder das erste Saturn-Quadrat etwa im Alter von sieben Jahren, und die erste Opposition folgt mit vierzehn Jahren. Somit läßt sich durch Saturn-Aspekte genau bestimmen, in welchem Stadium sich die Menschen gerade befinden; man könnte sie dazu verwenden, den archetypischen menschlichen Lebenslauf zu beschreiben.

Bei Chiron verhält sich die Geschichte jedoch anders, und zwar ganz enorm. Ein Mensch mit Radix-Chiron in der Jungfrau wird sein erstes Quadrat (mit laufendem Chiron im Schützen) bereits im Alter von 5 1/2 Jahren haben. Ist man jedoch mit Chiron in den Fischen geboren, dann wird das erste Quadrat (mit laufendem Chiron in den Zwillingen) nicht vor dem 23. Lebensjahr eintreten. Was für ein drastischer Unterschied! Bei den anderen Natal-Positionen Chirons erhalten wir die verschiedensten Lebensalter zwischen diesen beiden Extremen und dementsprechend die verschiedensten Kombinationsmöglichkeiten. Ein 5 1/2-jähriger ist noch ein Kind; seine Persönlichkeit wird noch geformt (die meisten Wissenschaftler sagen, daß die Persönlichkeitsbildung ungefähr mit sieben Jahren abgeschlossten ist, mit anderen Worten, etwa mit dem erten Saturn-Quadrat); er lebt noch völlig unter dem Einfluß der Eltern oder von anderen Erwachsenen und hat bislang noch so gut wie nichts von der Welt gesehen. Er hat noch nicht einmal einen vollständigen Jupiter-Zyklus erlebt. Dem gegenüber ist ein Mensch mit 23 Jahren erwachsen und wird von der Gesellschaft schon seit einigen Jahren dementsprechend behandelt. Seine Persönlichkeit hat sich bereits herausgeformt, allermeistens lebt er schon gar nicht mehr bei den Eltern, versorgt sich vermutlich selber und ist vielleicht schon verheiratet. Er hat bereits ein Quadrat, eine Opposition und das zweite Quadrat des laufenden Saturns zum Natal erlebt, steht kurz vor der Vollendung des zweiten Jupiter-Zyklus und hat auch bereits einen Uranus-Transit zum Natal-Uranus kennengelernt. Was für ein drastischer Unterschied! Das erste Chiron-Quadrat wird einen also ganz unterschiedlich beeinflußen, je nachdem in welchem Alter es eintritt.

Um ein klareres Bild zu vermitteln, wie kraß sich die Altersunterschiede auswirken, betrachten wir das Schaubild auf Seite 28. Auf der waagrechten Achse ganz unten befinden sich die entsprechenden Tierkreiszeichen - suche zum Beispiel das Zeichen, in welchem dein Chiron steht. Entlang der senkrechten Achse ist das Lebensalter des ersten Chiron-Quadrates abgetragen. Wenn Du nun also die Spalte mit deinem eigenen Chiron-Zeichen ausfindig gemacht hast, gehe mit dem Finger nach oben bis zum Schnittpunkt mit der Kurve, dann schaue nach dem entsprechenden Alter, welches links davon abgetragen ist. Falls du auch noch weißt, ob Chiron bei dir mehr am Anfang oder am Ende war, kannst du das Alter noch exakter bestimmen. Zum Beispiel befindet sich mein Chiron auf 0°01' Steinbock, was bedeutet, daß mein erstes Quadrat von Chiron kurz nach meinem 17.Lebensjahr war. Meine Frau hat Chiron auf 18°51' Steinbock, sodaß ihr erstes Quadrat ungefähr mit 19 1/2

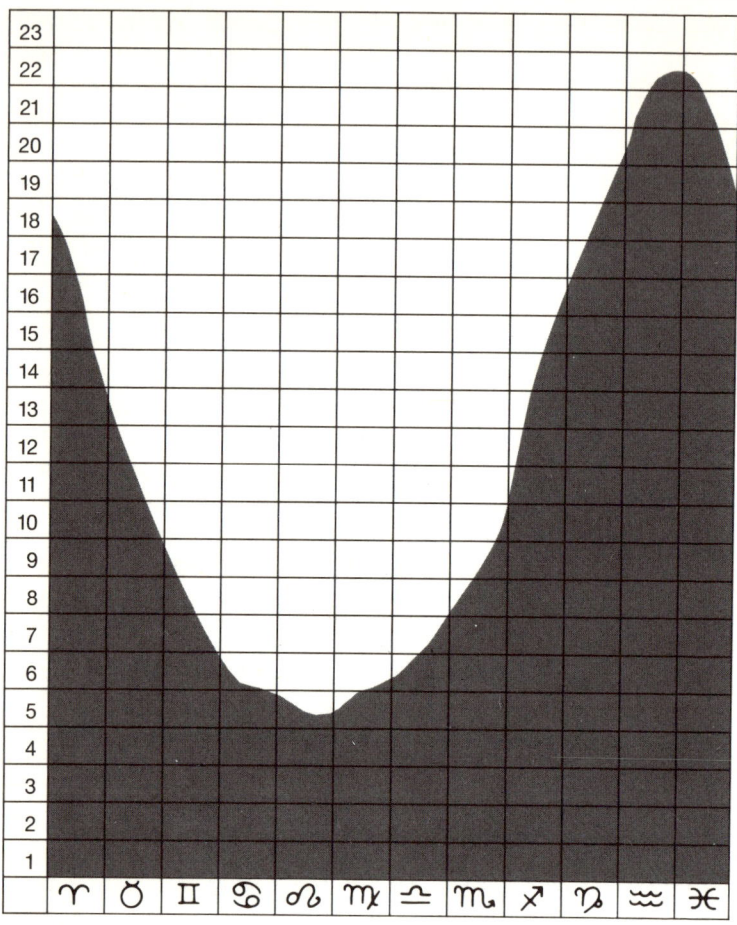

Jahren eintrat. Bei meiner Schwester ist Chiron auf 13°37' Löwe; sie war also erst 5 1/2 Jahre alt bei ihrem ersten Chiron-Quadrat.

Was bedeutet dies alles? Nun, das erste Quadrat ist eine sehr wichtige Lektion, welche den Wendepunkt herbeiführt; völlig neue Einsichten und Perspektiven eröffnen sich dir, oder etwas vollkommen Neuartiges wird in dein Leben eintreten. Die exakte Erscheinungsform des Ereignisses hängt von der natalen Feldposition Chirons, dem Feld, in welchem er während des Transits steht, und selbstverständlich auch den anderen Planeten ab, die zum gegebenen Zeitpunkt beteiligt sind. Ein paar Beispiele können vielleicht helfen, dies etwas zu erhellen.

Eine sehr scheue und introvertierte Person mit Kommunikationsschwierigkeiten (der Autor im Jugendalter) hatte Chiron im 10.Feld im Steinbock. Etwa um die Zeit meines ersten Quadrates herum wurde ich darüber in Kenntnis gesetzt, daß ich, weil ich der Drittbeste meiner Abschlußklasse an der Highschool war, eine Rede halten mußte. Nie zuvor in meinem Leben hatte ich vor einer größeren Gruppe gesprochen, geschweige denn eine Rede gehalten. Ich war erschrocken, aber ich ging drauflos - und kam durch. Mein Selbstvertrauen wuchs, ebenso meine Fähigkeit zu kommunizieren.

Aufgrund der Rückläufigkeit ergab sich das Quadrat noch zwei weitere Male. Beim nächsten Transit fand ich mich plötzlich in einer ganz anderen Situation wieder: erstmalig wohnte ich nicht mehr zuhause, lernte Menschen, Kulturen und Philosophien kennen, von denen ich bisher nicht einmal geträumt hatte. Beim dritten Übergang wechselte ich mein Hauptfach von bisher Botanik zu Psychologie. Das war einschneidend, denn ich wollte seit meinem siebten Lebensjahr Botaniker werden.

Eine Person mit Chiron im 5.Feld und im Löwen stellte fest, daß sie zum Zeitpunkt ihres ersten Quadrates mit 5 1/2 Jahren von ihren Eltern in eine neue Umgebung gebracht wurde. In ihrer alten Wohngegend war sie ein ganz gewöhnliches Kind gewesen, aber jetzt machte man sich über sie lustig und fiel über sie her. Sie fing an, Freundschaften mit anderen Benachteiligten zu schließen und meint, daß dies wohl der Grund dafür war, daß sie später immer Partei für die Unterdrückten ergriff.

Eine Person mit Chiron im Steinbock und im vierten Feld traf ihren Verlobten, als Chiron das erste Quadrat zum siebten Feld hatte. Mit dem rückläufigen Quadrat entdeckten beide, daß er Krebs im fortgeschrittenen Stadium hatte, sie heirateten aber trotzdem. Beim dritten Quadrat wurde seine Krankheit sehr ernst und er starb wenig später.

Jemand mit Chiron in der Waage und im zweiten Feld bekam im Alter von sieben Jahren beim ersten Quadrat ein Piano geschenkt. Später wurde sie Musiklehrerin.

Die exakte Ausprägung der Wendepunkte durch Chiron hängt also vom jeweiligen Alter ab. Wenn das Quadrat Chirons vor dem Saturn-Quadrat stattfindet muß erst die Lektion Chirons gelernt werden, um die saturnale Lektion wirklich verstehen zu können. Dies trifft nur für eine sehr kleine Gruppe zu, wie auf der Zeichnung ersichtlich ist, nämlich für diejenigen mit Chiron im Bereich von Krebs bis Waage. Wie auch immer man das erste Saturn-Quadrat definiert, es ist sicher der erste wirkliche Prüfstein für die Realitätsstruktur; es markiert das erste wirkliche Bewußtsein des Zeitbegriffes. Weil Chiron die nicht-chronologische Zeit bedeutet, müssen Menschen mit dieser Chiron-Position erst 'Chiros' vor 'Chronos' entdecken, damit der letztere sie nicht in allzu enge Formen preßt.

Kommen wir nun zu den Personen, die mit Chiron in den Zeichen Stier, Zwillinge, Waage und Schütze geboren sind. Sie erleben ihr erstes Chiron-Quadrat zwischen dem 7. und 14. Lebensjahr, und damit also nach dem ersten Quadrat des Saturns, aber noch vor dessen erster Opposition. Alle Menschen mit dieser Konstellation brauchen zuerst eine fundamentale Grundlage in Saturns Zeit- und Wirklichkeitsverständnis, bevor sie einen Blick auf Chirons Zeitlosigkeit werfen können. Sie müssen jedoch erst einen flüchtigen Schimmer durch Chirons Türspalte erhalten, bevor die Saturn/Saturn Opposition sie mit den Realitätsstrukturen ihrer Altersgenossen konfrontiert. Diese Menschen wären wohl ohne das Chiron-Quadrat unfähig, wirklich schon so weit über sich hianuszugelangen, um im Alter von 14 Jahren mit ihren Mitmenschen umgehen zu können.

Bei denjenigen, die das erste Chiron-Quadrat im Alter von 14 bis 21 Jahren haben - und somit zwischen der Opposition und dem zweiten Quadrat des Saturns - steht der Radix-Chiron im Widder, in der zweiten Hälfte des Schützen oder im Steinbock. Diese Menschen brauchen zuerst eine Konfrontation mit der Realität der Anderen, bevor sie zu schätzen wissen, daß irgendwo noch eine andere Welt jenseits ihrer eigenen existiert.

Kommen wir schließlich noch auf das Alter zwischen 21 und 23 1/2 Jahren zu sprechen. Diese Personen haben bereits das zweite Saturn-Quadrat hinter sich und ihnen steht lediglich noch dessen Wiederkehr bevor, um einen gesamten Zyklus des Saturns durchlebt zu haben. Diese Menschen brauchen möglichst viele saturnale Einflüsse, bevor sie bereit sind, durch den Türspalt in die andere Dimension einzublicken oder eine andere Zeitqualität zu erfahren. Vielleicht braucht diese Radixposition Chirons vor dem ersten Quadrat eine äußerst gründliche und umfassende Verwurzelung in der Saturn-Energie, weil die Herrscher der Fische (Jupiter/Neptun) und des Wassermannes (Saturn/Uranus) jeweils zu beiden Seiten Chirons stehen, oder möglicherweise deshalb, weil Uranus und Neptun uns Einsichten vermitteln, die weit über Saturns erdige Struktur und materiellen Standpunkt hinausragen. Nur so werden die Geborenen nicht in völlig irrelevante Richtungen davongetragen.

Jedenfalls ist es wichtig hier anzumerken, daß Chiron, ganz egal wo er steht, sein erstes Quadrat immer vor dem ersten vollständigen Zyklus des Saturns hat. Somit müssen alle Menschen erst ein Verständnis davon erlangen, daß es Dinge jenseits ihrer Realität gibt, bevor sie sich bei der Saturn-Revolution daran machen können, sich ihre eigene Wirklichkeit zu schaffen, die von der Vergangenheit unabhängig ist.

Selbstverständlich spielen auch die Transite anderer Planeten zum Radix-Chiron eine gewichtige Rolle. Sie markieren Zeiträume, in denen man die Energien des laufenden Himmelskörpers einsetzen kann, um in unerforschte Bereiche vorzustoßen, bzw. um etwas zu Ende zu führen, das man schon lange machen wollte. Oder man erhält, wenn außergewöhnliche Umstände entstehen, die Gelegenheit, etwas abseits der normalen Routine zu vollbringen. Zuweilen fällt der Transit eines Planeten mit einem Ereignis zusammen, welches größte Veränderungen in den Lebensbereichen erwirkt, die in dem Feld, welches Chiron besetzt, vorherrschen.

Felder

Die Felderposition Chirons kennzeichnet vielfältige Dinge. Sie verweist auf wichtige Lektionen, die man erlernen muß, nachdem man die saturnalen Aufgaben bewältigt hat. Sie deutet auch auf einen Problembereich, in dem sich die Energien der Saturn/Uranus-Halbsumme am besten konzentrieren lassen, selbst dann, wenn es keine eindeutige Winkelbeziehung Chirons zu diesem sensitiven Punkt gibt. Das Jetzt ist ein wesentlicher Bestandteil für alle Angelegenheiten dieses Feldes; falls hier ein Problem auftaucht, kann man nicht bis später warten, um es zu beseitigen. Und nichts darf einen bei den Versuchen behindern, sich hier Klarheit zu verschaffen. Dies ist jenes Feld, in dem der größte Brennpunkt für Heilung und Ganzwerdung liegt. Die Verwendung der positiven Energien dieses Feldes kann helfen, Probleme, welche der Gesamtpersönlichkeit entspringen, zu lindern. Menschen, die diesem Feld entsprechen, sind von größter Wichtigkeit, denn man fühlt, daß man wenigstens in den diesem Feld entsprechenden Bereichen mit allen etwas gemeinsam hat. Und deshalb fällt es auch mit Hilfe dieses Feldes besonders leicht, mit einfachen Menschen in Beziehung zu treten. Im Rahmen dieses Feldes wird man am ehesten Einzelgänger-Standpunkte vertreten - an Ideen glauben, die sich nicht in die gesellschaftlich akzeptierten Vorstellungen einpassen, allerdings ohne das Interesse, diese beseitigen zu wollen.

Und Chiron kann ein Wegbereiter zu den grundlegenden Energien des Feldes selber sein, indem er einen dazu befähigt, die dem Feld innewohnende spezielle Kraft anzuzapfen und sie grenzenlos und uneingeschränkt zu benützen (vorausgesetzt man hat die saturnalen Aufgaben, die in dieses Feld hineinragen schon bearbeitet). Schließlich passen sich die Ereignisse in diesem Feld häufig nicht den bisherigen Umständen und Regeln an; oft sind sie von einer Wesensart, die völlig ohne jeden Bezug zu allen früheren Erfahrungen steht.

Noch ein paar andere Möglichkeiten sollten mit in Erwägung gezogen werden, obwohl sie bislang noch nicht näher erforscht wurden. Eventuell verändert sich die spezifische Bedeutung von Chiron, je nachdem in welchem Abschnitt seiner Umlaufbahn er sich gerade befindet. Wenn Chiron beispielsweise in der Waage steht, dann erreicht er die größte Sonnennähe und kreuzt sogar die Bahn von Saturn. Ist es möglich, daß die Nähe Saturns der Felderenergie eine andere Bedeutung verleiht, als wenn er sich, sagen wir mal, im Widder befindet, also dem Zeichen, wo er der Uranusbahn am nächsten kommt. Es wurde ja schon beobachtet, daß Weltgeschehnisse von Saturn und Uranus entsprechend gefärbt wurden, je nachdem auf welchen der beiden sich Chiron gerade zubewegte. Von 1920 bis 1945 und gegenwärtig wieder seit 1970 (bis 1996) nähert sich Chiron enger und enger an Saturn an. Wir haben die jüngsten Rufe nach einer Rückkehr zu den traditionellen Werten vernommen, Wir haben gesehen, wie eine Reihe von Entscheidungen, die in den liberalen sechziger Jahren gefällt worden waren, wieder rückgängig gemacht wurden, aufgrund eines wachsenden Bedürfnisses nach 'Recht und Ordnung'. Während des ersten Zeitabschnittes haben wir den Aufstieg solcher

Männer wie Hitler erlebt und gegenwärtig sehen wir Ayatollah Khomeini aufsteigen. Schauen wir im Gegensatz dazu doch einmal den Zeitraum von 1950 bis 1970 an, als Chiron sich auf Uranus zubewegte.

Chiron in den Feldern

Erstes Feld

Diese Person orientiert sich am Universum in einer Art und Weise, welche jeden herkömmlichen Pfad, jeden etablierten Blickwinkel oder strukturierten Lebensstil überschreitet. Als erstes hinterläßt dieser Mensch den Eindruck, daß man ihn nicht kategorisieren kann. Manchmal kommt er einem bekannt vor, ohne daß man den Grund dafür identifizieren könnte. Seine Augen wirken, als käme er aus einer anderen Dimension - ein Fremder in einem fremden Land. Es gibt nichts, was ihn beeinträchtigen könnte, sein persönliches Wachstum anzustreben. Wenn hier diesbezüglich ein Hindernis existiert, dann geht er durch es hindurch, als ob es nicht da wäre, oder er versucht es wenigstens. Hemmschuhe abzustreifen und Konflikte zu lösen, ist für diesen Menschen tatsächlich eine Möglichkeit zur Selbstentdeckung. Er glaubt, daß er mit jedem, den er trifft, etwas gemeinsam hat, und daß alle Menschen ebenso empfinden sollten. Bei dem weiter entwickelten Typus zeigt sich eine besondere Gabe, anderen die Pforten zu öffnen. Dazu kommt ein starkes Verlangen danach, daß alle Menschen auf derselben Ebene existieren sollen - also ein Haß gegen Ungleichheiten. Diese Menschen sind dynamisch, strahlen vor Energie und neigen dazu, ziemlich entwaffnend zu sein — vorausgesetzt es liegen nicht sonst noch Aspekte vor, die dem entgegen wirken. Sie haben eine starke Tendenz zur Einsamkeit; sogar dann, wenn sie die ganze Zeit mit anderen Menschen zu tun haben. Oft haben sie ein Geschick, das System zu umgehen, eine bemerkenswerte Fähigkeit, über den Gesichtskreis der anderen hinauszublicken und häufig einen 'wilden' Blick in den Augen, was sie ziemlich attraktiv erscheinen läßt.

Norman Mailer, Rollo May, Mercedes McCambridge, Dan Rather, John Scali, Mike Schmidt, Anne Tyler, Archie Griffin, John DeLorean, Uri Geller, Rex Harrison, Vincent Price, R.D. Laing, Burt Reynolds, Rennie Davis, Kareem Abdul-Jabbar, Gregg Allman, Vida Blue, James Arness, Steve McQueen, Wilt Chamberlain, Huey P. Long, James Stewart, Marschall Tito, Adelle Davis, Pete Townshend, Rosie Grier, Joseph Alioto, Sally Fields.

Zweites Feld

Wenn diesen Menschen erst einmal die Richtung bewußt wird, die sie in ihrem Leben einschlagen wollen, dann sind sie in der Lage, auf unvorstellbare Resourcen zurückzugreifen. Ihre Begierden sind extrem stark und sie dulden nichts, was sie an der Befriedigung dieser Wünsche hindern könnte. Auf einem niedrigeren Niveau existiert das Verlangen, Freundschaften und Beziehungen zu kontrollieren. Sie befinden sich andauernd auf der Suche nach Mitmenschen, deren persönliche Werte mit den eigenen übereinstimmen. Ihre Einstellung zu Geld und Besitz ist ziemlich einzigartig. Sie müssen Lektionen lernen über Geld, Besitz, Werte und andere Formen persönlichen Reichtums; nachdem sie diese aber erlernt haben, erwacht in ihnen nicht selten der Wunsch, Armen und Bedürftigen zu helfen. Sie können sich völlig in ihre Arbeit versenken, sogar so tief, daß sie in einem bestimmten Tätigkeitsfeld äußerst gewandt werden. Chiron im zweiten Feld verleiht ihnen auch Erfindungsgabe, oftmals recht viele technische Fertigkeiten, und er steigert die Befähigung zum Management. Sobald sie etwas gefunden haben, das sie wirklich wertschätzen, oder etwas, von dem sie glauben, daß sich die Mühe dafür lohnt, nehmen sie es sehr ernst, was ihnen ein großes Machtgefühl und einen Hauch von Autorität verleiht. Im Normalfall sind sie sehr aufmerksam. Es scheint auch so, daß alle Thematiken des 8.Feldes wie Macht, Sexualität oder das Okkulte eine große Attraktion auf sie ausüben. Es handelt sich meist um 'kühle, ruhige' Persönlichkeiten, es sei denn andere Konstellationen sprechen dagegen.

William Lipscomb, Marsha Mason, Kate Millet, Walter Mondale, Jack Paar, James Wyeth, Marjoe Gortner, Mick Jagger, Mike Love, Cat Stevens, Alice Cooper, David Bowie, Johnny Weissmüller, Bobby Fisher, Malcolm Dean, Benjamin Disraeli, Anthony Armstrong Jones, Jean Claude Killy, Sandy Koufax, Bela Lugosi, Henri Petain, Max Schmeling, Leopold Stokowski, Arturo Toscanini, Kenneth Bergquist, Pearl S. Buck, Eva Braun, Don Ameche, Karen Black, Craig Breedlove, Garth Allen, John Updike, James Daly, Dianne Feinstein, Lauren Hutton, Sally Struthers, Sharon Tate.

Drittes Feld

Falls die übrigen Faktoren nicht gerade das Gegenteil anzeigen, dann liegt bei diesen Geborenen ein naiver, kindlicher Glaube vor, daß alles machbar ist. Ständig sind diesen Menschen Beziehungen aller Art im Sinn. Bei weniger entwickelten Persönlichkeiten ist der Sinn für Humor ziemlich 'pornographisch' ausgeprägt, was darauf zurückgeführt werden kann, daß sie Beziehungen so wichtig nehmen. Einerlei auf welchem sozialen Niveau sie sich selber befinden, diese Geborenen haben eine Begabung, wie gewöhnliche Menschen zu denken und mit diesen zu kommunizieren. Selbst diejenigen, die ihren Horizont erweitert haben, werden normalerweise für ihren guten Humor gelobt. Sie sind grundsätzlich liberal, oder oft sogar recht freizügig eingestellt. Ihre geistigen Prozesse dürfen durch nichts eingeschränkt werden, und sie lassen ihre Gedanken überall umherschweifen, selbst in den Tabubereichen. Tatsächlich ist ihr Verstand nicht nur auf die Logik eingegrenzt, sondern eng mit ihren Emotionen und ihren Instinkten verbunden und ihre Gefühle lassen sich sehr leicht erregen. Meistens handelt es sich um geistige Experimentierer mit schnellem Verstand. Sie suchen die Kontroverse in Gedanken und Worten; sie sind ehrlich, direkt, von einem einzigartigen Schreibstil besessen und nur zu gerne redselig.

Xaviera Hollander, Hugh Hefner, Larry Flynt, Gypsy Rose Lee, Jean Cocteau, Beverly Sills, Paul Newman, Robert O.J. Simpson, Clarence Lillehei, Roger Morton, George Steinbrenner, Casper Weinberger, Steve Cauthen, James Taylor, Phil Donahue, Arlo Guthrie, Algernon Swinburne, Joan Crawford, Betty Davis, Arthur Rimbaud, Ethel Merman, Dr. F. Regarde, Jean Paul Sartre, Robert Cummings, Betty Friedan, Erna Bombeck, Gary Hart, Steve Allenn, Ray Bradbury, Sigmund Freud, Alan Watts, Fritz Perls, Edgar Degas.

Viertes Feld

Diese Menschen empfinden eine starke Bindung an die Humanität; tief in ihrem Inneren spüren sie, daß sie mit der ganzen Menschheit gemeinsame Wurzeln teilen, und daß sie deshalb mit allen Menschen etwas verbindet. Sie haben ein kraftvolles Verlangen, anderen Auftrieb zu geben, sei es geistig, emotional oder spirituell. 'Dem kleinen Mann', der von Interessengruppen oder Verwaltungen drangsaliert wird, bringen sie sehr viel Mitgefühl entgegen. Diese Menschen nehmen nichts in Angriff, wenn sie befürchten, es könnte mißlingen (denn sie generalisieren eigene Fehlschläge auf die ganze Menschheit). Sie möchten die anderen erleuchten, eine Welt mit Gleichheit für alle schaffen, und sie möchten jedem, den sie treffen, Freude bereiten. Aber ihre gewaltige Unsicherheit tritt dann an die Oberfläche, wenn sie meinen, versagt zu haben. Wenn andere Faktoren ihres Horoskopes unstabil sind, dann sind Menschen mit dieser Chiron-Stellung nach erlebten Mißerfolgen für Selbstmord prädestiniert. Sie geraten aus der Fassung, wenn etwas ohne ihr Wissen vor sich geht, oder wenn sich etwas ereignet, was sie (oder jemand, den sie kennen) in irgendeiner Form ausschließt. Ihnen ist das tiefe Gefühl zueigen, daß die ganze Welt eine Familie ist, was ihnen einen starken Sinn für Gemeinschaft verleiht. Es gibt zwei Grundtypen: den etwas unterschätzten Typus, der meist scheu, angespannt und nervös ist, und den seine Angst vor Fehlschlägen etwas zurückgeworfen hat; daneben gibt es den 'stahlharten' Typus, dem großer Respekt entgegengebracht wird, der ziemlich populär ist und seinen Gefallen an der Kontroverse findet. Beide Typen lieben die Arbeit!

Ken Kesey, Henry Lewis, Mickey Lolich, Walt Disney, James Lovell, Marie McCarthy, Patricia Neal, John Lindsay, Donna Summer, Helen Hayes, Joan Baez, Carmen Dellavallade, Bradford Dillman, david Carradine, Arthur Godfrey, Ernest Hemingway, Lenny Bruce, Herman Hesse, Oscar Wilde, Dr. Sam Sheppard, Albert Speer, Hal Holbrook, Vincent Van Gogh, Paul Goebbels, Elton John, Karl Krafft, Troy Perry, Clifford Odets, Zubin Metha, Mark Goodson, John Denver, Ralph Nader, Jerry Reed, Robert Kastenmeier, Toulouse-Lautrec, Bonnie Franklin, Red Skelton, Jon Voight.

Fünftes Feld

Diese Menschen wollen ausschließlich sie selber sein, und sie wollen nicht, daß ihre Kreativität von anderen beeinflußt wird. Sie neigen dazu, ungehemmt und temperamentvoll zu sein. Der Art, wie sie sich selber darstellen, liegt oft die Einstellung zugrunde, "daß alles geht!" Den weniger entfalteten Persönlichkeiten hängt der Ruf von lockerer Moral oder von Playboys an. Keine Regeln lenken ihre Schöpfungskraft und sie entwickeln einen völlig eigenständigen Stil. Sie haben ein gewisses Etwas, das ihren Tod überdauert. Es gibt etwas Herausragendes an ihnen, sodaß jeder unverzüglich weiß, von wem die Rede ist, wenn diese Qualität, dieser Manierismus oder diese Kreation erwähnt wird. Diese Menschen müssen wichtige Lektionen durch Kinder und/oder Liebhaber/innen erlernen, und diese Aufgaben werden ihren gesamten Lebensstil verändern, nachdem sie erfüllt wurden. Nicht selten starten sie eine neue Karriere, obwohl sie schon seit Jahren eine andere Laufbahn verfolgt hatten, behalten aber häufig die alte noch bei. Sie sind bekannt für eine stark wetteifernde Ader. Sie bringen in ihrem Bereich sehr viel Enthusiasmus auf, und wenn sie trainieren müssen, dann trainieren sie hart. Viele sind bekannt für ihren beißenden und scharfen Witz. Häufig ist eine Neigung vorhanden, sich an der Schöpfung eines absolut eigenen Stils zu versuchen. Sie sind wahre Verteidiger von Selbstdarstellung und Gedankenfreiheit, vorausgesetzt das restliche Horoskop stimmt damit überein.

Eartha Kitt, George Lucas, Ross McDonald, Burgess Meredith, Kenneth Patchen, Valerie Perrine, Richard Pryor, Philip Roth, Shirley Temple-Black, Sarah Vaughan, Merle Haggard, Jules Lenier, Oscar Levant, Henry Miller, Chris

Reeves, Arnold Schwarzenegger, Phoebe Snow, Jacques Cousteau, Ringo Starr, Simon Wiesenthal, Barbara Streisand, John Derek, Pierre Renoir, Bertrand Russell, Jean Harlow, Frank Sinatra, Melina Mercouri, Maria Callas, Tyrone Power, Rock Hudson, Robert Goulet, Art Arfons, Groucho Marx, Ruth Buzzi.

Sechstes Feld

Diese Menschen müssen sich mit besonderen Gesundheitsproblemen auseinandersetzen. Was anderen zu helfen scheint, bewirkt bei ihnen meist gar nichts oder nur das genaue Gegenteil dessen, was beabsichtigt war. Aber Gesundheit ist eine dominierende Angelegenheit für sie. Wenn diese Menschen ihre eigenen Gesundheitsprobleme in den Griff bekommen haben, dann erwacht oft ein starkes Bedürfnis, anderen im medizinischen Bereich zu helfen. Sie sind hart arbeitende Menschen mit Entschlußkraft, Pflichtgefühl und Selbstverantwortlichkeit. Sie legen großen Wert auf das Detail und entwickeln besondere Fertigkeiten in einigen Bereichen des Handwerks und der Handarbeit. Für welchen Zugang auch immer sie sich entscheiden mögen, sie wollen so fachmännisch und vollkommen darin werden wie nur möglich, und hassen es, auf eine einzige Kategorie ihres Arbeitsbereiches festgelegt zu werden. Sie wollen die Freiheit alles und jede Technik ausprobieren zu können, womit ihre Arbeit zum Besten geraten könnte. Meistens sind sie scheu und introvertiert wie Kinder. Sie sind oft mäßige oder unentschlossene Studenten, trotz der Tatsache, daß sie im Grunde hochintelligent sind. Im Erwachsenenalter sind sie gerne nachdenklich, zurückgezogen und neigen zu Pessimismus oder Realismus; nur ganz wenige Optimisten haben Chiron in diesem Feld. Sie wirken oft kalt, distanziert und ganz auf ihre eigenen, privaten Welten zurückgezogen. Weniger entwickelte Charaktere halten sich den anderen gegenüber entweder für unterlegen oder überlegen. Hierfür gibt es zwei Gründe: Sie fürchten immer das Ende einer Beziehung, weil es für sie extrem schmerzvoll ist, und deshalb haben sie auch Angst davor, in zu engen Kontakt zu treten. Dann müssen sie wichtige Lektionen durch das Dienen lernen, aber solange sie dies noch nicht getan haben, ängstigt sie der Gedanke, nicht zu wissen, wieviel sie von sich geben sollen (aus der Angst heraus, ausgenützt zu werden). Deshalb wirken sie selbstsüchtig. Aber sobald sie diese Ängste überwunden haben, können sie die hingebungsvollsten und hilfsbereitesten Wesen werden.

Mia Farrow, James Goddard, Joel Grey, Alan Leo (Oppos. AC), Janet Leigh, Daniel Nathans, Robert Wagner, Jackie Onassis, Bob Hope, Ingrid Bergman, Gwendolyn Brooks, Geraldine Chaplin, Francis Ford Coppola, Jimmy Carter, A.E. Housman, Louis Pasteur, Maurice Ravel, Auguste Rodin, Joanne Woodward, Rita Haywworth, Lana Turner, Errol Flynn, Katherine Hepburn, Eleanor Bach, Stephen Crane, Sir William Crookes, Dr. Tom Dooley, Clint Eastwood, Dennis Weaver, Dustin Hoffman, Billy Rose, Martin Sheen, Cathy Rigby, John Knowles, Paul McCloskey, Liza Minelli, Jesse Jackson, Pierre Salinger, Bruce Springsteen.

Siebtes Feld

Wer mit Chiron im 7.Feld geboren ist, meidet den Umgang mit seinen Mitmenschen in vorgefertigten Mustern oder Ordnungen; hat man mit anderen zu tun, dann nähert man sich ohne Diskriminierung an. Aber das Bedürfnis nach Kontakt ist beinahe unerschöpflich, vor allem Kontakte mit dem anderen Geschlecht. Kooperation ist jedoch schwierig und das Konkurrenzdenken ist stark ausgeprägt - vor allem gegenüber dem eigenen Geschlecht. Sie wollen "für so gut wie jeder andere" gehalten werden, vor allem im Vergleich zu anderen aus ihrem eigenen Umfeld. Oftmals überspannt, aber fast immer gut in einer Debatte, sind sie unnachgiebig in ihren Argumenten. Viele sind stark eigensinnig und die meisten haben einen kreuzritterlichen inneren Drang. Sie sind streitsüchtig, aggressiv, oft scharfzüngig und gerne geschwätzig, aber freimütig. Sie können hervorragend improvisieren, sind meist extravagant und können herumalbern. Die Familie ist ihnen sehr wichtig und eine Heirat eröffnet ihnen immer neue Dimensionen. Häufig haben sie exponierte Gegner. Sie hassen es, in irgendwelche Machenschaften von Parteien verwickelt zu werden. Wenn sie mit Politik zu tun haben, dann beenden sie dies meistens damit, daß sie gegen die ganze Maschinerie vorgehen oder sie völlig zerstören.

Adlai Stevenson, Wendell Wilkie, John Anderson, Earl Warren, Richard Nixon, Fidel Castro, Benito Mussolini, Arthur Schlesinger, John Mitchell, Upton Sinclair, Dennis Hopper, Hamilton Jordan, Brian Keith, Kurt Russell, John Cage, Yvette Mimieux, Susan St. James, Eleanor Clark, Woody Herman, Ray Davies, John Entwhistle, Richard Basehart, John Barrymore, George Moscone, Carl Sandburg Albert Schweitzer, Prinzessin Grazia von Monaco, William Blake, Rudolph Valentino, Mary Pickford, Rossano Brazzi, John Wayne, Gary Cooper, Charlton Heston, Sidney Poitier Erwin Rommel, Bette Midler, Eleanor Smeal, Gloria Steinem, Gale Sayers, William Holden, Carol Channing.

Achtes Feld

Diese Menschen besitzen normalerweise äußerst starke Instinkte und müssen häufig sehr hart arbeiten, um einen grundlegenden tierischen Instinkt oder 'Killerinstinkt' in etwas Konstruktives zurück zu kanalisieren. Meistens liegt grundsätzlich eine 'Kühlheit' und Intellektualismus vor. Daneben kann man bei ihnen jedoch auch eine ziemliche Flatterhaftigkeit spüren. Es handelt sich um jene Menschen, die, wenn sie an sich selber arbeiten, große Selbsdisziplin, Kontrolle und Zähigkeit an den Tage legen - es gibt allerdings immer noch den 'Killerinstinkt'. Als Kinder sind sie vielfach in Nöten infolge eines Mangels an Selbstdisziplin. Diese Menschen versuchen sich mit der Einfachheit zu befassen, um die grundlegende 'Würze' von etwas zu erreichen, oder um an die wirklichen Wurzeln einer Situation zu gelangen. Sie haben einen Wunsch nach Präsision und oft eine Liebe und Begierde nach Forschung, verbunden mit dem Talent, schnell in Probleme einzudringen. Sie möchten ihre Kraft und Fähigkeit entwickeln und sind sehr gewandt, wenn es darum geht, andere zu kontrollieren (und sie sich dazu entscheiden, dies zu tun). Man erkennt sie normalerweise an ihrer Selbstsicherheit, ihrem animalischen Spürsinn und ihren entschiedenen Überzeugungen. Sie haben das Potential, ungeheure Energien und Lebenskräfte freizusetzen und zu kanalisieren. Ihre sexuellen Begierden sind außergewöhnlich, aber sie sind imstande, diese auf eine Art zu transzendieren, an die andere nicht einmal denken würden. Ihre wichtigsten Lektionen beziehen sich auf Sexualität, Macht und Tod.

Omar Sharif, Yul Brunner, Henry Winkler, James Dean, Stacy Keach, Richard Chamberlain, Bruce Lee, Robert Mitchum, Montgomery Clift, Robert Blake, Ryan O'Neal, Karl Malden, Joe Frazier, Jackie Robinson, Jack Nicklaus, Eddie Arcaro, Indira Gandhi, Mao Tse-Tung, William Masters, Dr. Louis Berman, C.C. Zain, Bischof James Pike, F. Scott Fitzgerald, Christopher Isherwood, Jack Kerouac, John Steinbeck, Yoko Ono, Leonard Bernstein, Christine Jorgensen, Jimi Hendrix, Raquel Welch, Elisabeth Montgomery, Deborah Kerr, John Dunlop, George Bush, Shirley Hufstedler, Lawton Chiles, Baudelaire.

Neuntes Feld

In ihrem Interessenbereich haben diese Personen eine Gabe, Grundgesetze, generelle Prinzipien und die einer Situation zugrundeliegende Bedeutung, welche vielfach im Verborgenen liegt, ausfindig zu machen und zu begreifen. Sie können damit auch auf ziemlich unglaubliche Weise umgehen, indem sie diese zu viel komplexeren Mustern zusammenfügen, oder indem sie Methoden finden, um sie mit allgemeinverständlichen Worten zu erklären. Oder aber sie benützen nicht das Wort als ihr Medium, sondern finden andere Kanäle, um ihr vertieftes Verständnis von Symbolen mitzuteilen. Dies äußert sich oft in der Begabung, technische Erläuterungen zu vereinfachen, und in der Fähigkeit, sich auf die Strömung der Zeit einzustimmen. Es ist ihre Veranlagung, sich wirklich mit dem Zuhörer zu identifizieren, anderen etwas zu lehren, und ihnen ist eine phantastische Überredungskunst zueigen. Sie lieben Herausforderungen, sind normalerweise aufmerksame Beobachter, gut bei jeder Stehgreifhandlung und behaupten freimütig ihre Meinungen. Sie haben einen großen Bedarf an Mitmenschen mit den gleichen Philosophien und Glaubensvorstellungen und ein nicht minder starkes Verlangen, Ungläubige solange zu überzeugen, bis sie ihnen glauben. In seiner negativen Erscheinungsform kann dies zu einer sehr engstirnigen Philosophie führen, zu Abneigung und Groll gegen all diejenigen, die sich nicht in diese Philosophie einpassen und beinahe schon zu einer 'Polizei-Mentalität.' Ob positiv oder negativ, sie suchen in allen Lebensbereichen nach einer Bestätigung und Klärung dessen, was sie glauben.

Gay Talese, Paul Theroux, Tom Wicker, George Bernard Shaw, André Malraux, Alfred Hitchcock, Dane Rudhyar, John Addey, Marc Edmund Jones, Edgar Cayce, Friedrich Nietzsche, David St. Clair, Judy Blume, John Clifford, Graham Nash, Jack Sheldon, Dolly Parton, Edouard Manet, Eric Satie, Andy Warhol, Howard Cosell, Julie Andrews, Goldie Hawn, Greta Garbo, Jim Bailey, Roddy McDowell, Candice Bergen, Ava Gardner, Shelley Fabares, Robert Stack, Ronald Reagan, William Colby, J. Edgar Hoover, Richard Daley, George Wallace, Ayatollah Khomeini, Adolf Hitler, Herman Göring, Everett LeRoy Jones, James Earl Ray, John W. Gacey, Enrico Fermi, Lotte Strahl, Stanley Hiller, Mary Wells, Arthur Oken.

Zehntes Feld

Diese Menschen treiben sich in ihrem eigenen Tätigkeitsfeld schwer an und halten sich oft an grausame Fahrpläne. Andererseits sind sie jedoch bekannt für ihre Vitalität, ihre Lebendigkeit und ihren Fleiß. Sie sind von besonnener Entschlußkraft und hassen jede Untätigkeit. Wenn sie über ihre Vorhaben sprechen, dann werden sie leicht dazu verführt, Reden zu schwingen wie ein Prediger. Es ist nicht ungewöhnlich, daß sie eine hohe Position erreichen mit wesentlich weniger Voraussetzungen, als eigentlich dafür notwendig wären. Ein Beispiel hierfür wäre, wenn etwa ein Abiturient einen Beruf ausübt, zu dem normalerweise ein abgeschlossenes Studium erforderlich wäre. Wie auch immer, sie haben meist eine Stellung inne, wo sie nicht zu ihren Mitarbeitern zu passen scheinen, beispielsweise als einziger Außenstehender in einem Familienbetrieb. Selbst wenn sie sich einen Aufgabenbereich aussuchen, bei dem das 'anders' sein dazu gehört, scheinen sie sich immer noch eine Spur von den anderen zu unterscheiden. Sie sind bekannt für ein 'gewisses Extra', was sie zu Außenseitern oder Einzelgängern macht, oder dafür, daß sie nichts mit ihren Kollegen gemeinsam haben, was sie wiederum abhebt. Die Öffentlichkeit kennt diese Menschen wegen ihrer Bereitschaft, für die Karriere konventionelle Methoden hinter sich zu lassen, selbst dann, wenn andere dagegen Einspruch erheben. Oft verschmähen sie ihre Kritiker ganz einfach, und sie haben ein großes Charisma. Meistens sind sie von einem schnellen Verstand geprägt und sie neigen zu einem selbstironischen Humor. Sie meinen immer, daß sie ein unmittelbares Ziel vor sich haben müssen, und wenn sie keines haben, dann erfinden sie eines. Allerdings finden sie es schwierig, sich mit längerfristigen Zielsetzungen zu befassen. Sie sind gute Kämpfer.

Jerry Lewis, Paul Lynde, Tom Poston, Jonathan Winters, Tom Smothers, Peter Ustinov, Flip Wilson, Tom Bosley, Dick Cavett, Truman Capote, Gale Storm, Loretta Young, Shirley MacLaine, Marilyn Monroe, Judy Garland, Guiseppe Verdi, Joan Caufield, Diana Ross, Orson Welles, Isabelle Pagan, Willie Nelson, Sam Peckinpah, Jerry Rubin, William Saroyan, Alfred Tennyson, Paul Verlaine, Jack Anderson, Thomas Huxley, Alen Oken, Alice Anne Bailey, Nikola Tesla, Michel Gauquelin, Georg Moore, Leo Trotsky, Milton Shapp, Thomas Eagleton, Robert McNamara.

Elftes Feld

Eine weise Auswahl von Freunden und Partnern gehört für diese Menschen zu den wichtigsten Lektionen. Sie müssen dringend ein Verständnis darüber erlangen, auf welche Weise andere Menschen ihre Begabungen und Fertigkeiten zum Ausdruck bringen. Weiterhin müssen sie lernen, die Kinder anderer Leute zu verstehen und sich in die Gesellschaft einzufügen. Chiron kann in diesem Feld leicht untergehen und nie an der Oberfläche erscheinen, außer man findet eine beispiellose Rolle in der Gesellschaft. Dann wird man zum extremen Außenseiter. Aber der Drang an der Gesellschaft teilzuhaben ist ungewöhnlich stark und sie sind sich der Bedürfnisse und Wünsche von Ihresgleichen völlig bewußt. Es ist in der Tat so, daß sie oft zum Angelpunkt oder zum Zentrum für eine ganze Gruppe von Menschen werden, daß sie die Fahrt in eine andere Richtung lenken, oder daß sie Menschen mit gemeinsamen Zielsetzungen zusammenführen. Dafür müssen sie jedoch zuvor ihre eigene Nische gefunden haben. Aber bei denjenigen, die ihre ureigenste Rolle nicht finden können, entsteht ein übermächtiges Bedürfnis, sich anzupassen und Teil der Gesellschaft zu sein. Dies äußert sich meistens auf eine der zwei folgenden Arten: entweder einer sehr markanten konservativen Einstellung, oder einer völlig desillusionierten Haltung der Gesellschaft gegenüber, was zu revolutionären Tendenzen führt. Beim ersten Fall zeigt sich die Neigung, 'solide' oder 'dumpf' zu wirken, und sich auf die konservative Masse zu berufen. Häufig hat man das Image eines Verlierers, auch wenn dies in keiner Weise zutrifft, und scheint bezüglich der eigenen Erfüllung anspruchslos zu sein. Die Wesensart dieser Geborenen wirkt ganz generell gedrosselt, und sie haben eine Disposition zur Selbstverachtung. Es ist vollkommen normal, daß jemand so beginnt wie eben beschrieben, und dann zum anderen Typus umschwenkt. Alle Menschen mit Chiron im 11. Feld möchten gerne Problemlöser sein, und darum interessieren sich viele für Wissenschaft. Ihre Hoffnungen und Wünsche sind sehr stark; sie haben große Ideale, und wenn sie erst einmal ein spezifisches Bild entworfen haben von der Welt, in der sie leben möchten, dann werden sie keine Pforte verschlossen lassen, die sie daran hindert, dies auch zu erreichen. Bemerkenswert ist bei den meisten, daß ihre Loyalität, ihr Team-Geist und ihre Fairneß sehr stark ist.

Edith Custer, Herman Melville, William F. Buckley, Robin Moore, Dr. Benjamin Spock, O.Henry, Vance Packard, John Gardner, William Lamb, Robert Good, Luis Alvarez, Dr. Brian Marsden, Albert Einstein, Allard Lowenstein, Charles Duncan, Henry Kissinger, Gamal Abdul Nasser, Governor Jerry Brown, Yvonne Burke, Jane Fonda, Anita Bryant, Richard Alpert (Ram Dass), Tina Turner, Diane Baker, Peter Graves, Phyllis Diller, Bob Crane, Gregory Peck, Linda Blair, Vivien Leigh, Jack Nicholson, Lawrence Welk, Merv Griffin, Diane Keaton, Rick Nelson, Tom Jones, B.J. Thomas, Jose Feliciano, Judy Collins.

Zwöftes Feld

Diese Menschen sind experimentierfreudig und vielseitig begabt. Sie haben mindestens immer ein Ziel vor den Augen, an dem sie arbeiten, aber auch ein unbegrenztes Verlangen, zu lernen und ihre Wissensgrundlage zu erweitern. Ganz besonders wollen sie von den hinter der sichtbaren Realität verborgenen Wahrheiten lernen. Dazu gehört aber auch eine Furcht davor, daß sich ihnen eine Pforte öffnen könnte, wenn sie noch gar nicht darauf vorbereitet sind. Deshalb sind sie der Ansicht, daß sie über jeden Gegenstand soviel wie nur möglich erfahren müssen, um mit dem, was sie entdecken könnten, zurecht zu kommen. Sie interessieren sich für die Vergangenheit und haben meist eine Begabung, Dinge von damals wieder in die Gegenwart zu bringen, um sie erneut einem nützlichen Zweck zuzuführen. Fast immer haben sie gleichzeitig mehrere Projekte am Laufen, weshalb sie nicht selten der Gefahr ausgesetzt sind, sich zu überfordern. Sie haben einen guten Riecher für unerschlossene Potentiale, sei es bei Menschen, oder bei bestimmten Situationen. Recht häufig sind sie für ihre intellektuelle Arroganz bekannt, aber auch ebenso dafür, daß sie an der Rolle des Dissidenten Gefallen finden. Allerdings ist es bei ihnen so ziemlich die Regel, daß sie gar nicht merken, wie sehr sie sich selber durch das Festhalten an einzelgängerischen Standpunkten einschränken. Ein bei Chiron im zwölften Feld recht häufig auftretendes Merkmal ist die Tendenz, daß man für die von einem vollbrachten Taten keine Würdigung erhält; und sollte es dennoch einmal der Fall sein, dann fehlt dem Betroffenen das Interesse dafür. Sie haben auch Talent zum 'Do it yourself', denn oft finden sie niemanden, der das zustande bringen könnte, was sie wollen. Die meisten sind launisch. Vor allem aber haben die meisten ein starkes Bewußtsein davon, daß das Universum von größeren Gesetzen erfüllt ist, als jenen, die mit den fünf Sinnen erfaßbar sind, und daß es von einer stärkeren Kraft belebt wird, als jener, welche Menschen zu verstehen in der Lage sind.

Francoise Gauquelin, Neil Armstrong, Arthur Janov, Frank James Dixon, Pierre Teilhard de Chardin, Rasputin, Neil F. Michelsen. Al H. Morrison, Noel Tyl, Richard Nolle, Charles Richter, Kirk Oakes, Billy Graham, Toni Morrison, Jean Stafford, Joan Didion, Leo Guild, George Gershwin, Marcel Proust, James Blish, Walt Whitman, Robert Smithson, Harry Delafonte, Rockwell Kent, Harry Bertoia, Ottorini Respighi, Miles Davis, Ron Ely, Richard Crenna, Robert Culp, Jim Backus, Sally Kellerman, Elizabeth Ashley, George Peppard, Jackie Gleason, Barbara Stanwyck, Audrey Hepburn, Dean Martin, Robert Taft, Jack Valenti, Patricia Harris, Francisco Franco, Brendan, Byrne, Jack Kemp, Robert Kennedy, Willy Brandt, Linda Lovelace

Aspekte

Zum Zwecke der Forschung pflegte ich zunächst für alle Chiron-Aspekte einen Orbis von 1° zu verwenden, ausgenommen bei Sonne und Mond, wo ich 3° für angemessen hielt. Von diesem Prinzip wich ich nur ab, wenn Chiron an größeren Winkelstrukturen wie z.B. einem großen Quadrat beteiligt war. Aber aufgrund meiner Beobachtungen denke ich, daß der folgende Vorschlag ein gutes Bild der wirklichen Orben vermittelt:

	Sonne, Mond AC	alle anderen Planeten	Asteroiden
Konjunktion	5° 00'	3° 00'	1° 30'
Opposition	5° 00'	3° 00'	1° 30'
Quadrat	5° 00'	3° 00'	1° 30'
Trigon	5° 00'	3° 00'	1° 30'
Sextil	3° 00'	1° 30'	0° 45'
Halbquadrat	3° 00'	1° 30'	0° 45'
135-Quadrat	3° 00'	1° 30'	0° 45'
Quincunx	2° 30'	1° 30'	0° 45'
Halbsextil	2° 00'	1° 00'	0° 30'
Quintil	2° 00'	1° 00'	0° 30'
Septil	2° 00'	1° 00'	0° 30'

Beim MC bin ich mir nicht ganz schlüssig, ob ich auch den um 2° erweiterten Orbis wie bei Sonne und Mond anwenden soll. Bei allen Hauptaspekten von Chiron auf einen sensitiven Punkt, wie zum Beispiel die AC/MC-Halbsumme, wende ich nur einen Orbis von 1° an.

Nun möchte ich auf ein paar Aspekte zu sprechen kommen, die ich für besonders interessant halte.

Chiron Konjunktion Sonne. Drei Schauspielerinnen haben diesen Aspekt: Shirley Temple, Gale Storm und Doris Day. Abgesehen von Shirley (jetzt Temple-Black), welche dem Show-Business den Rücken kehrte, um Botschafterin zu werden, weiß ich nicht allzuviel über den Lebensstil dieser Frauen. Alle drei verkörpern, wenigstens in ihren Filmen, das Image einer angenehmen, aber irgendwie schadenfrohen Frau, die ständig in irgendwelche Unannehmlichkeiten gerät. Aufgrund meiner persönlichen Untersuchungen und aufgrund der der langen Liste anderer Persönlichkeiten mit diesem Aspekt, kam ich zu der Ansicht, daß diese Kombination die folgenden Züge verleiht. Sie können das, was andere sagen nicht ignorieren. Sie haben ein uneinschränkbares Bedürfnis sich darzustellen. Sie müssen sich auf eine Art zum Ausdruck bringen, welche sie von anderen absondert. Sie verfügen über die Fähigkeit, hinter die Barrieren zu blicken, vor denen die anderen Halt machen. Dadurch können sie die außergewöhnlichsten Elemente, über deren Verbindung die anderen noch nicht einmal nachgedacht haben, zusammenbringen. Sie nehmen sich gerne der Probleme ihrer Mitmenschen an und teilen diese gerne in zwei Gruppen ein - solche, die einen mögen und solche, die einen nicht mögen (d.h. entweder du magst die Person mit dieser Konjunktion oder nicht, dazwischen gibt es nichts). Noch ein paar Beispiele: Neil F.Michelsen, Jean Claude Killy, Huey P. Long, Vance Brand, Howard Cosell, Jean Cocteau und Jeff Bridges.

Chiron Opposition Sonne. Diese Menschen sind voller Wetteifer und sehr geistreich. Sie hassen es, untätig zu sein und sind in ihrem Herzen Kämpfer. Es ist eine Tatsache, daß sie äußerst aktiv werden, um sich ein angestrebtes Ziel zu erkämpfen. Sie vertreten deutliche Standpunkte und die meisten von ihnen haben ein starkes humanitäres Bewußtsein. Aber sie ziehen auch gerne Feindschaften an. Darüberhinaus sind sie stark an Veränderungen interessiert, sie haben eindeutige Ideen, wie sich die Dinge zum Besseren wenden könnten und sie versuchen diese Ideen vorbehaltlos zu verwirklichen. Einige Beispiele: Jane Fonda, Leo Trotzky, Melina Mercouri George Bernard Shaw, Henry Cabot Lodge, Leon Spinks, John Koch, Roger Daltry.

Chiron Quincunx Sonne. Zurückhaltung? Wenigstens scheint es so. Diese Menschen leben ganz in ihrer eigenen Welt, sehen die Dinge aus einer eigenen Perspektive und diese entspricht nie den Ansichten ihrer Zeitgenossen. Man kann sie gern haben, ja sogar lieben, aber nichtsdestotrotz bleibt eine Distanz zwischen ihnen und den anderen spürbar; es ist ziemlich schwierig, ihnen wirklich nahe zu kommen. Dies verleiht ihnen häufig eine gewisse Kühlheit, ganz besonders, wenn Chiron dabei noch im 8. Feld steht. Diese Kühlheit läßt sie für andere oftmals noch attraktiver werden, denn sie können dadurch das Unerreichbare verkörpern. Hinter ihrer Zurückhaltung verbirgt sich jedoch eine deutliche Unsicherheit, vor allem bei denen mit Chiron im 6. Feld. Das macht diese Menschen ein bißchen nervös, hyperaktiv oder wechselhaft und verleiht ihnen ein starkes Bedürfnis, ihr Selbstwertgefühl herauszustellen. Sie legen besonderen Wert auf all das, was sie mit ihrem Selbst identifizieren. Das kann auch bedeuten, daß sie ihre

Männlichkeit oder ihre Weiblichkeit akzentuieren, wenn sie sich stark damit identifizieren. Ich vermute, daß sie ganz tief in ihrem Inneren eine große Angst haben, zu einer Veränderung gezwungen zu werden, und eine Furcht, die Kontrolle über ihr Leben zu verlieren. Einige Beispiele: George Peppard, Charles Bronson, James Daly, Tom Bosley, Bela Lugosi, Jack Valenti, Paul McClosky, Leonard Bernstein, Candice Bergen, Bonnie Franklin.

Chiron Sextil Mond. Diese Menschen tendieren dazu, ihre Mitmenschen anders in Augenschein zu nehmen, als es der Durchschnittsbürger gewohnt ist. Sie haben ein starkes Bewußtsein um die Bedürfnisse und Wünsche der anderen, und normalerweise auch um deren Schwächen. Natürlich besteht bei diesem Aspekt die Versuchung, andere auszunützen, aber die entwickelteren Seelen widerstehen dem. Nichtsdestoweniger sind sie im allgemeinen fähig, den Menschen zu geben, was sie wollen. Sie haben den Instinkt, den Dingen eine einmalige, persönliche Note zu verleihen. Ihr Selbsterhaltungstrieb scheint sehr stark zu sein und sie verabscheuen alles, was ihnen als ungerecht und unfair vorkommt. Wenn sie meinen, daß es etwas gibt, das sie tun müssen, dann sind sie durch und durch gewillt, gegen scheinbar unbezwingliche Handikaps anzurennen. Einige Beispiele: Billy Rose, Luciano Pavarotti, Arnold Schwarzenegger, Malcolm Dean, O. Henry, Betty Friedan, Mark Goodson, Nina Simone, Jane Fonda, Mickey Rooney, Henry Perot.

Chiron Konjunktion Merkur. Hier haben wir die Erneuerer und Erfinder. Sie pflegen einen besonders eigenwilligen Kommunikationsstil. Wenn sie schreiben oder im Show-Business tätig sind, dann glückt es ihnen, sich nicht nur mit einfachen

Worten mitzuteilen, denn sie erreichen die anderen nicht nur auf der rein verbalen Ebene. Zugegeben, sie können auch ziemlich streitsüchtig sein, aber sie haben eine Verständnis für den einfachen Menschenverstand und wissen genau, wie man zu ihm gelangt. Oftmals besteht der Wunsch, in Dimensionen vorzudringen, die bisher nur für wenige Auserwählte zugänglich waren, und sie möchten diese für alle öffnen. Ungerechtigkeit und Ungleichgewicht hassen sie, ebenso auch alles, was irgendwie einschränkt, begrenzt oder ihre Mitmenschen auf einen bestimmten Pfad zwingt. Einige Beispiele: Troy Perry, Clive Sinclair (Erfinder des ZX81 und des Timex/Sinclair 1000 Computers), Ted Mack, Martin Sheen, Eugene McCarthy, B.J. Thomas, Benjamin Disraeli Dwayne Hickman, Roman Gabriel, Yogi Berra.

Chiron Quadrat Venus. Zu diesem Aspekt paßt ein eigenwilliger Kunstgeschmack; wenn sich diese Menschen in irgendeiner Form auf die Kunst einlassen, dann zielen sie oft auf solche Gegenstände, die tabu sein könnten, oder die von ihrer Umgebung schlicht und einfach noch gar nicht ins Auge gefaßt wurden. Sie würdigen die Schönheit von den merkwürdigsten Dingen, und sind von einem eigenartigen Humor durchdrungen. Ihr Wertesystem fügt sich nicht in das der Gesellschaft ein und viele hegen den Wunsch, aus der Gesellschaft auszusteigen, oder sie zu ignorieren. Andere entscheiden sich zu dem Versuch, die gesellschaftlichen Werte zu verändern. Sie haben ein stark entwickeltes Gefühl für Ästhetik und eine weiche Seite. Männer werfen sich oft über Bord, um ihre Männlichkeit zur Geltung zu bringen. Dadurch stülpen sie sich aber nur eine Hülse über, welche sie davor schützen soll, für weich gehalten zu werden. Oder sie können, wenn es ihnen nichts ausmacht, verletzt zu werden, ihre romantische, weiche Seite offen zur Schau tragen. Einige Beispiele: George Steinbrenner, Bruce Lee, Marjoe Gortner, Peter Fonda, Liberace, Adlai Stevenson, Edgar Degas, Charles Addams, Judy Collins, Sophia Loren, Brooke Shields.

Chiron Halbquadrat Mars. Personen mit diesem Aspekt ertragen den Gedanken nicht, in irgendeiner Form gestoppt zu werden, wenn sie etwas herausfinden oder eine Aufgabe erfüllen wollen. In diesem Fall stachelt Chiron vermutlich ständig den Mars an, damit er noch ein bißchen weiter geht, etwas mehr versucht, eine andere Methode ausprobiert und das bestehende Hemmnis ignoriert - und Mars ist anscheinend unfähig, sich dem zu widersetzen. Diese Menschen haben einen starken Selbstbehauptungswillen und ein ziemliches Temperament, es sei denn, sie kanalisieren dies aus irgendwelchen Gründen. Sie haben entschiedene Vorlieben und Abneigungen und berichten frank und frei darüber. Wenn die übrigen Faktoren des Horoskopes nicht in eine gegenteilige Richtung verweisen, dann verfügen sie über sehr viel Sex-Appeal. Einige Beispiele: Bertrand Russell, Keith Emerson, Dr. Martin Luther King, Wilt Chamberlain, Greta Garbo, Bishop James Pike, Redd Foxx, Madeline Kahn, Bette Midler.

Chiron Quadrat Jupiter. Was diese Menschen heraushebt, sind ihre außerordentlichen und bemerkenswerten Interpretationen von Situationen und Ideen. Sie können verborgene Bedeutungen entdecken und diese so interpretieren, daß sie allgemein verständlich sind - aber diese Fähigkeit kommt nur durch die Erfahrung zustande. Sie durchleben immerwährende Umwälzungen in ihren Glaubensinhalten und in ihrer Wahrnehmung des Lebens, solange bis sie lernen, Veränderungen zu akzeptieren. Danach erweisen sie sich als die besten

Lehrer, Interpreten oder Gesetzgeber, und zeichnen sich in jeder Position aus, wo sie mit grundlegenden Bedeutungen und Symbolen zu tun haben. Wenn sie sich jedoch weigern, die Idee des stetigen Wandels anzunehmen, wenn sie sich weigern, das Konzept der Veränderung in ihr Glaubenssystem zu integrieren, dann kann die permanente Umwälzung das Gefüge ihres Lebensstils zerreißen. Beispiele: Rosalind Russell, Percy Bysshe, Marcel Proust, Rudolph Valentino, Henry (Scoop) Jackson, John Cage, Dan Rather.

Chiron 135-Quadrat Saturn. Für die Menschen mit dieser Konstellation sind Traditionen, Regeln und Strukturen gut und willkommen, gleichzeitig aber auch dazu bestimmt, bei Bedarf verändert oder überwunden zu werden. Sie fühlen sich ständig dazu gezwungen, den Stand der Dinge zu überprüfen und nötigenfalls ohne großes Zögern daran vorbeizugehen. Sie halten keine Struktur oder Regel für immer gültig oder bindend. Sie haben die Tendenz, mit Autoritäten ein bißchen in Schwierigkeiten zu geraten, außer diese lassen ihnen genug eigene Freiheit, um sich vorwärts in die Zukunft zu arbeiten. Sie glauben nicht an das Motto "Du kannst nicht!" Einige Beispiele: Francoise Gauquelin, Toulouse-Lautrec, Prinzessin Gracia von Monaco, Frank Borman, James Lovell, James Earl Ray.

Chiron Opposition Uranus. Ich glaube, es ist noch viel zu früh, um sich ein klares Bild von der Bedeutung dieses Aspektes machen zu können. Es gibt zwar viele Menschen, welche diesen Aspekt in ihrem Horoskop haben, aber andererseits sind die meisten doch noch ziemlich jung. Das einzige, was ich bis jetzt dazu sagen kann, ist, daß diese Menschen geistreich sind, und daß es für sie von allergrößter Wichtigkeit ist, zu wissen, daß ihre Unabhängigkeit und Individualität nicht bedroht wird. Einige Beispiele: Tracey Austin, Leon Spinks, Archie Griffin, Tatum O'Neal

Chiron Konjunktion Neptun. Ich bin sehr neugierig, mehr darüber zu erfahren, aber leider kenne ich zuwenige Fallbeispiele, um die exakte Bedeutung festlegen zu können. Es ist interessant daß zwei herausragende Persönlichkeiten des Kommunismus diesen Aspekt hatten, nämlich Joseph Stalin und Leo Trotzky. Ebenso der blinde Sänger José Feliciano, dessen Lieder voller Gefühl sind.

Chiron Konjunktion Pluto. Auch dieser Aspekt macht mich sehr neugierig, ich kenne aber ebenfalls kaum Beispiele. Karl Marx und Benito Mussolini hatten ihn, aber auch Walt Whitman und der Schauspieler Martin Moriarity.

Chiron Konjunktion Südlicher Mondknoten. Hier scheint es zwei Ausprägungen zu geben! Den noch nicht so weit entfalteten Typus, der wegen seines exzentrischen und unberechenbaren Benehmens ständig in Scherereien gerät. Außerdem den reiferen Typus, der sich dadurch viele Freunde schafft, daß er seine einzigartigen Einsichten und einmaligen Lebenserfahrungen mit anderen teilt. Der erstere neigt dazu, auf Chirons Einzelgängernatur zurückzufallen, sooft im Leben etwas schief geht oder wenn er unter Stress steht. Er verwirklicht diesen Aspekt negativ. Der andere hat Chiron integriert und weiß somit instinktiv, wie er ihn im Rahmen eines größeren Gesamtbildes gebrauchen kann. Beispiele: Craig Breedlove, Clifford Odets, Arturo Toscanini, John Anderson, Merle Haggard, Dick Martin, Billy Carter.

Hier nun ein paar Leitlinien, wie Chiron bei Apekten mit anderen Planeten wirkt.

Konjunktion

Anders als ansonsten üblich, kommt es bei der Konjunktion Chirons mit einem anderen Planeten nicht zu einer Verschmelzung der beiden Energien. Chiron hebt die einzelgängerische Seite des anderen Planeten hervor und scheint ihn so zu formen, daß er in keine Schablone mehr paßt. Andererseits scheint der Planet aber sehr wenig Einfluß auf die Ausgestaltung Chirons zu haben. Könnte dies daher kommen, weil Chiron sich weigert, sich irgendetwas anzupassen? Es besteht der Wunsch Extreme auszugleichen, mit allen auf einen gemeinsamen Nenner zu kommen und die Gabe, für andere Leute die Pforten zu öffnen und Hindernisse zu überwinden.

Halbsextil

Chiron scheint beim Halbsextil kräftiger zu wirken als die anderen Planeten. Zwar ist der Geborene nicht zwangsläufig unkonventionell, aber er scheint ein angeborenes Talent zu haben, alle Hemmnisse ohne große Anstrengungen zu bezwingen.

Halbquadrat

Der Geborene fühlt einen gewissen Zwang, daß er den Planeten, den Chiron aspektiert, einsetzen muß. Er kann diese Energien nicht brach liegen lassen. Darüberhinaus möchte er diese planetare Energie ausgestalten, kontrollieren und mit ihrer Hilfe Dinge zu Ende führen.

Septil

Das Potential zur Veränderung der Gesellschaft ist groß. Vermutlich wird Chiron immer automatisch in dem Augenblick aktiviert, wenn auch der andere Planet aktiviert ist - jedoch scheinen beide Energien unabhängig voneinander zu wirken. Es ist so, daß man nicht die eine Energie verwenden kann, ohne gleichzeitig die andere anzuregen.

Sextil

Chiron weigert sich, still zu bleiben, und er gestattet dem anderen Planeten ebensowenig, zur Ruhe zu kommen. Der andere Planet wird von Chiron ständig dazu ermutigt, aus sich herauszugehen, Probleme zu lösen und aktiv zu sein. Chiron ermuntert diese Person, den anderen Planeten als ein Werkzeug zu benützen, um über das Gewöhnliche hinauszugelangen. Es liegt ein gewisses Verständnis für Menschen und Dinge vor, die außerhalb der 'Norm' liegen.

Quintil

Der an diesem Aspekt beteiligte Planet gibt die Möglichkeit, die gegenwärtige Realität zu überwinden, die Wirklichkeiten zu wechseln und das, was man dort findet in das Hier zurückzubringen, um anscheinend unzusammenhängende Dinge in Wechselbeziehung zu setzen.

Quadrat

Im Gegensatz zu anderen Quadraten gibt es niemals Stagnation. Gewöhnlich streben die planetaren Energien im Quadrat danach, ein festes Geleis zu erhalten und auf eine feste Route gebracht zu werden, aber Chiron duldet dies nur für kurze Zeit. Dann zieht er einem den "Teppich unter den Füßen weg" und man wird aus dem Gleichgewicht geworfen. Es kann damit enden, daß man auf die Nase fällt. Aber wenn dem so ist, dann wird man sehr schnell herausfinden, daß man über etwas sehr Wertvolles gestolpert ist, das bislang im Verborgenen lag. (Vielleicht waren Diamanten unter dem Teppich, die man erst gefunden hat, als er weggezogen wurde.) Wie auch immer, wenn Chiron einen aus dem Gleichgewicht wirft, dann muß man die Tatsache akzeptieren, daß dieser Planet lernen muß, sich anzupassen und zu verändern. Während dieses Lernprozesses sieht es so aus, als ob die Energie zwischen den Extremen hin- und herpendelt, weil der Geborene sich in Balance halten muß. Sobald man aber gelernt hat, daß Veränderungen für das Wachstum dieser Planetenenergie von Wichtigkeit sind, heißt man die Umstellung willkommen. Bei manchen Menschen taucht an diesem Punkt allerdings eine Gefahr auf, weil sie nämlich so sehr in die Veränderungen und die neuen Erfahrungen eindringen, daß sie nur noch dafür leben. Diese Menschen müssen eine neue Lektion lernen - die Veränderung zwar anzunehmen, aber auch zu sehen, daß diese nicht der Endpunkt, sondern nur ein kleiner Abschnitt des Pfades ist.

Trigon

Auch das Trigon ist untypisch. Wir erwarten, daß ein Trigon leicht und fließend ist, etwas, das wir selbstverständlich annehmen können. Jedenfalls erwarten wir kaum, daß uns Aufgaben gestellt werden aus Bereichen, die 120° entfernt liegen. Aber Chiron konfrontiert uns mit Aufgaben in einem Gebiet, in dem wir uns bisher ziemlich behaglich fühlen konnten. Er verschafft uns Einblicke und Möglichkeiten in Bereiche, die wir gut zu kennen meinten. Chiron im Trigon lehrt uns, nicht alles für selbstverständlich hinzunehmen. Wenn wir uns darauf einlassen, können wir den anderen Planeten gezielt als einen Schlüssel zur Erforschung unerkannter Welten einsetzen. Wir können unseren einzigartigen Stil mit Leichtigkeit zum Ausdruck bringen und diesen Teil unseres Selbsts annehmen. Von allen Chiron-Aspekten ist es beim Trigon am unwahrscheinlichsten, daß wir uns Ärger einhandeln für unser Anderssein.

135-Quadrat

Der Planet mit dieser Winkelspannung zu Chiron ist häufig ziemlich ruhelos. Er befindet sich oft in einer Situation, wo die Dinge plötzlich zu einem Stillstand kommen und man seine Energien neu ordnen muß. Dieser Aspekt führt zu Elastizität, einem vergeistigten Wesen und erhöht den Sinn für Humor.

Quincunx

Man sieht die unsichtbaren Kräfte hinter den Dingen, das Auf und Ab des Lebens, die unterschwelligen Strömungen, die für andere nicht erkennbar sind. Man kann den aspektierten Planeten dazu einsetzen, anderen bei der Selbstfindung zu helfen und in gewissem Umfang auch, um andere zu kontrollieren.

Opposition

Es zeigt sich Bedürfnis, über die normalen Handlungsmuster hinauszugehen, da man nicht darum herum kommt, alternative Vorgehensweisen zu sehen. Häufig ist es jedoch überhaupt schwierig, innerhalb von Strukturen zu arbeiten, weil man zuviele Alternativen sieht. Eine Lehre hier heißt, daß man trotz der zahlreichen Alternativen nicht auch zwangsläufig eine auswählen muß. Dieser

Aspekt bringt dem Planeten Herausforderungen von dem Feld Chirons, welche der Planet nicht ignorieren kann. Chiron verstärkt den 'Kampfgeist' des Planeten, oder wenigstens das konstante Verlangen, jenen Planeten aktiv zu halten.

Chiron in den Zeichen

Sich die Bedeutung Chirons in den jeweiligen Zeichen auszumalen, ist eine recht schwierige Angelegenheit. Schon allein deshalb, weil Chiron eine dermaßen exzentrische Umlaufbahn hat. Er hält sich dadurch in manchen Zeichen sehr viel länger auf als in anderen, und insofern können wir einen sehr viel größeren Teil der Bevölkerung mit Chiron im Widder (wo er über 8 Jahre bleibt) untersuchen, als mit Chiron in der Waage (wo er sich knapp 2 Jahre befindet).

Weiterhin gibt es Belege mit zunehmender Evidenz dafür, daß nicht nur Chirons Position im Tierkreis bedeutsam ist, sondern auch, wo er jeweils im Verhältnis zu Saturn und Uranus steht. Dieser Faktor kann die Zeichen tatsächlich in zwei Kategorien einteilen. Zum Beispiel erreicht Chiron sein Perihel in der Waage. Beim Eintritt in dieses Zeichen bewegt er sich von Uranus weg. Nach dem Perihel bleibt er noch in der Waage, bewegt sich nun aber auf Uranus zu.

Nichtsdestotrotz gibt es für jedes Zeichen bestimmte Grundzüge, die jetzt kurz beschrieben werden.

Widder

Der beste Weg, um zu einem Verständnis dieser Menschen zu gelangen ist, einen Blick auf die Zeitabschnitte mit Chiron im Widder zu werfen.

In den Zwanziger Jahren traten die sogenannten 'Flapper' in Erscheinung. Dies war eine Bezeichnung für junge Mädchen von übertrieben selbstständigem, jungenhaftem Auftreten. Es war eine Zeit übersteigerter Selbststilisierung und Ungehemmtheit. Die Siebziger Jahre wurden oft als die Zeit der 'Ich-Generation' bezeichnet, und Chiron befand sich jeweils im Widder. Menschen mit Radix-Chiron im Widder haben den persönlichen Anspruch, ihre potentiellen Möglichkeiten bis ans Äußerste zu treiben, und sie glauben, daß es jeder so machen sollte. Sie haben ein starkes Verlangen, alles was sie beim Erforschen neuer Sphären behindert zu beseitigen, vor allem wenn diese neuen Bereich zu einem größeren Verständnis des eigenen Selbsts führen. Ebenso stark ist ihr Wunsch, den eigenen Standpunkt verständlich zu machen und sie glauben, daß die Rechte des Individuums alles überragend sind. Sie wollen immer die ersten sein. Hauptaufgabe: Kontrolle über die eigene Aggressivität gewinnen und mit der Angriffslust anderer Leute fertig werden.

Stier

Werte verändern sich in verschiedenen Zeiten und Kulturen, aber diese Menschen haben den Anspruch, nach beständigen Werten zu suchen, auch wenn sich alles um sie herum im Wandel befindet. Die typische Stier-Thematik, wie etwa Besitztum und Sicherheit, ist von extremer Wichtigkeit, allerdings vertreten sie eigenwillige Standpunkte dazu. Sie meinen, daß sie von gar nichts zurückgehalten werden dürfen, um das zu erwerben, was für sie zum Überleben notwendig ist, und hierzu zählt auch die materielle Sicherheit. Viele ihrer Lektionen kommen aus diesem Lebensbereich, und wenn sie sich entfalten, dann entwikkeln sie eine große Anteilnahme für die Bedürftigen. Sie sind der Überzeugung, daß niemandem die Lebensnotwendigkeiten entzogen werden sollten, und daß niemand auf Kosten anderer zu Wohlstand gelangen sollte. Die weniger entwickelten Personen werden vielleicht nicht ganz so fühlen, aber sie arbeiten an Problemen, die sie eventuell auch zu dieser Haltung führen. Diese Menschen sind häufig sehr innovativ, wenn es darum geht, Schwierigkeiten in materieller Hinsicht zu lösen.

Zwillinge

Ganz oben auf die Liste ihrer Vorlieben schreiben diese Menschen, wie man bereits vermuten kann, die Kommunikation. Für sie ist es besonders bedeutsam zu verstehen, warum es zu einem Abbruch der Verständigung kommt oder warum die Kommunikation behindert wird, um dann alles zur Lösung der Angelegenheit beizutragen. Deshalb ist es gut, sie als unvoreingenommene dritte Partei bei Auseinandersetzungen um sich zu haben. Sie suchen sehr viel Kontakt mit so viel Menschen wie möglich und es verletzt sie, wenn sie mißverstanden werden. Wenn sie einen Streitfall aufgreifen, können sie sehr hitzige Advokaten sein. Lernen ist für sie das Allerhöchste, und sie lieben es, sich für neue Denkweisen und Problemlösungswege zu öffnen. Sie sind immer am Testen und Probieren, nur um zu sehen, welche Beschränkungen ihre ummittelbare Umgebung ihnen und anderen auferlegt.

Krebs

"Sicherheit!" Nichts wiegt schwerer und bedingungslos arbeiten sie für die Erlangung derselben.

Die Familie überragt alles, und wenn sie sich weiterentwickeln, dann betrachten sie die ganze Menschheit als eine Familie. Deswegen darf nichts ihre Vorstellungen von Familie gefährden und es ist eine persönliche Eigenschaft von ihnen, das Selbst und die Familie um jeden Preis zu schützen. Sie haben eine starke Abneigung gegen Aggression und Feindseligkeit, obwohl ein stark beeinträchtigtes Horoskop diesem Charakterzug entgegenwirken kann. Sie befinden sich normalerweise stärker in Einklang mit ihren Gefühlen als der Durchschnittsmensch. Die wichtigste Lektion, welche sie lernen müssen, ist, ihre Gefühle unter Kontrolle zu halten, diese nicht überschwappen zu lassen oder sich ganz in ihnen zu verlieren. Sie sind begabt, Vergangenes in die Gegenwart oder die Zukunft zu übertragen - sie überbrücken die Generationen.

Löwe

Beinahe jeder mit Chiron im Löwen hat schon Umstände kennengelernt, in denen er die Herrschaft übernehmen mußte, einfach weil niemand um ihn herum die Lage meisterte. Eine bedeutende Lektion für diese Menschen heißt Selbstvertrauen. Sie wollen um jeden Preis Individualisten sein, und dieser Drang ist so stark, daß es ihnen schwer fällt, gute Ratschläge anzunehmen. Sie haben einen besonderen Stolz - man muß sie auffordern etwas zu tun, was 'nur sie' können. Es ist ihnen eine innere Pflicht, sich ihre Selbstachtung zu erhalten und nichts darf sie in ihren Taten behindern. Einschränkungen und Restriktionen ihrer Selbstdarstellung sind für sie unerträglich. Zu Kindern und Erwachsenen, die sich ein kindliches Gemüt erhalten haben, empfinden sie eine starke Zuneigung.

Jungfrau

Viele dieser Menschen haben die Seele eines Don Quijote. Es ist ihnen ein persönliches Anliegen, Fehler zu berichtigen und Irrtümer zu korrigieren. Vor allem aber lassen sich durch nichts abschrecken, einen festgestellten Fehler zu beseitigen. Ihr Bewußtsein ist besonders geschärft für alles, was in der Welt unrichtig ist. Was diese Menschen über alles verdrießt, ist, erkennen zu müssen, daß etwas nach erfolgter Korrektur erneut schiefgeht. Sie sind erfüllt von einem tiefen Glauben, daß niemand einen anderen beherrschen sollte, und daß niemand einen anderen an seiner Selbstentdeckung und der Entwicklung seiner Fähigkeiten und Fertigkeiten behindern sollte. Sie scheinen dafür begabt zu sein, sich neue Verfahrensweisen auszudenken, obwohl diese bei den weniger entwickelten Persönlichkeiten nicht immer sozial akzeptabel sein müssen.

Waage

Die wohl wichtigste Aufgabe, welche diese Menschen zu lernen haben, ist, daß sie wirklich reden, wenn etwas gerecht oder richtig ist. Sie haben ein persönliches Bedürfnis, die jeweils korrekte Seite zu entdecken und eine strikte Abneigung gegen alle Ungerechtigkeiten - diese müssen sofort, und nicht irgendwann später aufhören. Menschen sind für sie ungeheuer wichtig und sie wollen die Ansichten ihrer Mitmenschen ohne Einschränkung verstehen. Sie nehmen aber auch die Kehrseite wahr, nämlich daß niemand seinen Verstand nur auf die eigenen Standpunkte eingrenzen sollte. Deshalb hassen sie engstirnige Menschen oder solche Leute, die sich vor neuen Anschauungen abschotten. Beziehungen allgemein tragen ihnen die wichtigsten Aufgaben entgegen. Kunst in der einen oder anderen Form ist eine Notwendigkeit; wenn ihnen selber die Talente dazu versagt sind, dann müssen sie Kunst, Musik oder andere ästhetische Freuden in ihr Leben integrieren. Sie müssen ihre Seele nähren.

Skorpion

Die weniger fortgeschrittenen Persönlichkeiten wollen ihre Begierden hemmungslos befriedigt sehen. Der entwickeltere Typ spürt, daß er seine Wünsche unbehindert verstehen können muß und arbeitet auf die Vervollkommnung seines höheren Selbsts hin. Beide haben das starke persönliche Bestreben, ihr Leben um jeden Preis zu kontrollieren. Mit Leichtigkeit gelingt es ihnen, sich auf die universellen Energien und Kräfte einzustimmen, und diese für sich nutzbar zu machen. Dies ist auch der Grund, weshalb sich viele von ihnen zum Okkulten, zu östlichen Religionen und ähnlichem hingezogen fühlen. Sie haben ein starkes Bewußtsein von Sexualität und sexuellen Energien, welche die reiferen Personen in noch mächtigere Kräfte umwandeln. Sie suchen auch nach Werten, die sie mit der ganzen Menschheit teilen können. Dagegen tendieren die Unreiferen dazu, sich schnell Feinde zu schaffen, denn sie meinen, daß ihr Wertesystem über dem anderer Menschen stehe.

Schütze

Willst du diese Menschen ärgern? Dann sage ihnen in irgendeinem Zusammenhang: "Zutritt verboten!" Allein schon der Gedanke, daß etwas verboten sei, ist für sie unerträglich, vor allem wenn sie noch der Ansicht sind, daß sie daraus etwas lernen könnten. Ihre Abenteuerlust ist stark, und sie suchen immer nach etwas Stetigem, auch wenn sich alles ändert. Sie brauchen das Gefühl, daß sie die Philosophie oder die Religion, mit der sie aufgewachsen sind, ganz durchdringen und dasselbe gilt auch für den Glauben anderer. Wenn sie ihren Glauben gefunden haben, dann wollen sie ihn mit allen teilen.

Steinbock

Diese Menschen müssen sich eine Art Ordnung oder Struktur schaffen, die allem zum Trotz aufrechterhalten bleibt, und die, so hoffen sie wenigstens, auch noch nach ihrem Erdendasein funktioniert. Sie brauchen das Gefühl, daß sie auf dem einzig richtigen Pfad sind und glauben zutiefst, daß es für sie einen besonderen Weg gibt, den sie finden müssen. Weiterhin sind sie der Ansicht, daß dies auch auf alle anderen Menschen zutrifft. Die Reiferen unter ihnen gestehen dementsprechend jedem seinen eigenen Weg zu, während die anderen glauben, daß ihre Richtung auch für alle anderen verbindlich zu befolgen sei. Sie hassen alles, was sie aus ihrer Laufbahn werfen kann. Das Verlangen, auf dem eigenen Lebensweg zum Erfolg zu kommen ist groß und ein Versagen unerträglich.

Wassermann

Der persönliche Imperativ dieser Menschen läßt sich mit zwei Worten zusammenfassen: Die Zukunft. Menschen, die eine Vorwärtsbewegung zurückweisen, können sie nicht tolerieren und rein garnichts kann sie davon abhalten, das Neue und Andersartige zu entdecken. Sie haben die Seele der Bohemiens - freie Seelen - und empfinden eine gute Portion Sympathie für Außenseiter. Sie brauchen den Umgang mit Menschen, wollen diese zusammenführen und deren Probleme lösen. Sie können nicht vor verschlossenen Türen stehen bleiben, denn sie wollen (um ein Zitat aus 'Star Trek' zu verwenden) "kühn dahin gehen, wo noch kein anderer Mensch zuvor gewesen ist."

Fische

Sie wollen hinter allem, mit dem sie zu tun haben die Wahrheit, die bedeutsame Ursache verspüren. Sie wollen nicht in etwas hineingezogen werden, das unwichtig oder nicht ausführbar ist. Auf diesem letzten Punkt, welcher das 'Mögliche' qualifiziert, basiert auch ihr evolutionärer Zustand, denn die Entwickelten glauben, daß nichts unmöglich ist. Sie wünschen sich, einen wirklich universellen Lebensstil zu pflegen und werden somit über ihre Gegenwart hinausschreiten, um vollkommen zu werden. Der starke Optimismus, daß sie die Welt zu einem besseren Ort ausgestalten können, kennzeichnet sie. Allerdings kann dieser von schwierigen Saturn-Aspekten ernsthaft beschnitten werden. Beinahe alle sind sehr sensitiv und voller Träume. Aber eine der wichtigsten Lektionen, die sie lernen müssen, ist zu verhindern, daß sie über die falschen Ursachen stolpern. Sie haben ein übermächtiges Bedürfnis, Liebe zu zeigen.

Chirons Eintritt in die Zeichen

Krebs	17.05.1888	Waage	11.10.1894
Löwe	01.09.1890	Skorpion	07.10.1896
Krebs	06.02.1891	Schütze	30.10.1898
Löwe	20.05.1891	Steinbock	13.01.1901
Jungfrau	12.10.1892	Schütze	08.08.1901
Löwe	26.02.1893	Steinbock	30.09.1901
Jungfrau	20.06.1893	Wassermann	23.04.1904

Steinbock	20.05.1904	Schütze	28.11.1948
Wassermann	13.01.1905	Steinbock	09.02.1951
Fische	20.03.1910	Schütze	19.06.1951
Wassermann	29.08.1910	Steinbock	08.11.1951
Fische	15.01.1911	Wassermann	27.01.1955
Widder	30.03.1918	Fische	26.03.1960
Fische	23.10.1918	Wassermann	19.08.1960
Widder	28.01.1919	Fische	21.01.1961
Stier	24.05.1926	Widder	01.04.1968
Widder	20.10.1926	Fische	18.10.1968
Stier	25.03.1927	Widder	30.01.1969
Zwillinge	07.06.1933	Stier	28.05.1976
Stier	22.12.1933	Widder	13.10.1976
Zwillinge	23.03.1934	Stier	28.03.1977
Krebs	28.08.1927	Zwillinge	21.06.1983
Zwillinge	22.11.1937	Stier	29.11.1983
Krebs	26.05.1938	Zwillinge	11.04.1984
Löwe	30.09.1940	Krebs	21.06.1988
Krebs	27.12.1940	Löwe	21.07.1991
Löwe	16.06.1941	Jungfrau	02.09.1993
Jungfrau	02.08.1943	Waage	08.09.1995
Waage	18.11.1944	Skorpion	27.12.1997
Jungfrau	24.03.1945	Schütze	06.01.1999
Waage	22.07.1945	Skorpion	01.06.1999
Skorpion	10.11.1946	Schütze	21.09.1999

Progressionen

Bis jetzt habe ich nur mit den Sekundärdirektionen gearbeitet. Es ist offensichtlich, daß sich Chiron bei dieser Methode nicht sehr viel weiterbewegt. Wenn Chiron weiter wandert und dadurch der Aspekt exakter wird als bei der Geburt, dann werden die einzelgängerischen Qualitäten des Individuums stärker betont. Wird der Winkel durch die Progression schließlich ganz exakt, dann kann die Person bestimmt einige größere Krisen erwarten, welche auf eine stärkere Bewußtwerdung ihrer Potentiale und Beschränkungen hinausläuft.

Aber was viel häufiger vorkommt, ist die Progression eines anderen Planeten auf den Radix-Chiron. Dies ermöglicht dem Geborenen immer neue Möglichkeiten und Erfahrungen in dem Bereich, welchen der progressive Planet symbolisiert. Und jeder, der die erste vollständige Mond-Progression bis zu seiner Wiederkehr auf die Radixposition erlebte, hatte den Mond schon in Konjunktion, Quadrat, Opposition usw. zu Chiron. Somit sind die Progressions-Aspekte des Mondes zu Chiron für jedermann wichtig.

Die ersten Erfahrungen mit diesen Aspekten hatte ich selbstverständlich in meinem eigenen Leben. Bei der Geburt unseres zweiten Kindes wollte ich mit meiner Frau im Kreißsaal sein. Also mußte ich an speziellen Vorbereitungskursen teilnehmen, um für diese ehrenvolle Aufgabe in Frage zu kommen. Ich beendete diese Kurse, als die Mond-Progression etwas weniger als 1° von meinem Chiron entfernt war. Die Wehen meiner Frau setzten ein, als die Progression exakt war; der Aspekt war zwar schon seperativ, aber immer noch innerhalb eines Orbis von 1°, als ich bei der Entbindung half.

Seit damals habe ich viele Fälle von Mondprogressionen zum Radix-Chiron gesehen. Der gemeinsame Nenner bei allen ist eine Erfahrung, die andere Lebensbereiche erschließt und irgendwie mit der Mond-Thematik in Verbindung steht. Dies kann eine Geburt sein, Sicherheit, Nahrung und so weiter.

Alle Progressions-Aspekte scheinen signifikant zu sein. Manchmal können sie schon im frühen Kindesalter auftreten. Eine Mutter erzählte mir den Kummer, den sie mit ihrem 2 1/2 Jahre alten Sohn hatte. Er ließ sich weder zur Reinlichkeit erziehen, noch ließ er sich die Flasche abgewöhnen. Schließlich griff sie zu einer neuen Taktik. Sie erzählte ihm, daß er jetzt ein junger Mann sei, und daß Männer keine 'Unfälle' mehr in den Hosen hätten und aus Tassen trinken würden. Über Nacht war er sauber und wollte keine Flasche mehr. Seine progressive Sonne stand gerade in Opposition zum Radix-Chiron.

Ein junger Mann war scheu und wurde immer von seinen Klassenkameraden gestichelt. Schließlich nahmen ihn seine Eltern mit zu einem Psychologen, als sein progressiver Mars eine Opposition mit 0° 30' Orbis zu Chiron hatte. Die Therapie war sehr erfolgreich, er fand Freunde (und wurde nicht mehr gehänselt), als die Opposition exakt wurde. Sein Rang verbesserte sich, er wurde fähig, sich nötigenfalls selbst zu verteidigen, und er fand seine erste richtige Freundin, und das alles, bevor die Mars-Progression mehr als 0° 30' weiter gewandert war.

Saturn und Uranus

Auf Grund der besonderen Beziehung zu Saturn und Uranus sind die Aspekte, welche Chiron mit diesen beiden eingeht von besonderer Bedeutung. Angesichts dessen füge ich einen Aspektarius für Chirons Konjunktionen, Opposition und Quadrate mit diesen bei. Die Angaben beziehen sich auf Ephemeridenzeit, das heißt sie können in deiner Zeitzone einen Tag früher oder später exakt sein.

Wie man sieht, ist dies kein typisches Aspektmuster. Zwischen 1935 und 1951 beispielsweise hatte Chiron 21 Quadrate mit Saturn. Dann standen beide Himmelkörper im Jahre 1966 in Konjunktion zueinander - das einzige Mal in diesem Jahrhundert. In Bezug auf Uranus verhält es sich ebenso ungewöhnlich. 1943 hatten beide ein einziges Quadrat. Dann steht Uranus zwischen 1952 und 1989 41 mal in Opposition zu Chiron. Schließlich haben beide 1997 nochmals ein Quadrat. Das alles bedeutet, daß es für uns bei manchen Aspekten sehr wenige Beispiele zum Untersuchen gibt (niemand, der in diesem Jahrhundert geboren wurde oder wird, hat Chiron in Konjunktion zu Uranus). Das bedeutet aber auch, daß ganze Generationen die gleichen Saturn/Chiron und Uranus/Chiron Aspekte haben. Ein Großteil der in der ersten Hälfte des Jahrhunderts Geborenen hat Chiron Quadrat Saturn, während in der zweiten Hälfte fast nur Uranus-Oppositionen vorkommen. Und noch etwas: der Aspekt scheint den Ton der Zeit anzugeben. Die Oppositionen zwischen Chiron und Uranus begannen 1952 und scheinen mit dem beschleunigten Tempo der wissenschaftlichen Forschung in der zweiten Hälfte unsere Jahrhunderts verknüpft zu sein.

26.07.1913	90°	Saturn	06.09.1955	180°	Uranus
14.01.1914	90°	Saturn	05.12.1955	180°	Uranus
19.05.1914	90°	Saturn	08.10.1956	180°	Uranus
02.11.1922	180°	Saturn	15.11.1956	180°	Uranus
15.04.1935	90°	Saturn	13.11.1964	180°	Uranus
22.05.1935	90°	Saturn	31.12.1964	180°	Uranus
16.02.1936	90°	Saturn	01.11.1965	180°	Uranus
07.08.1936	90°	Saturn	22.01.1966	180°	Uranus
16.01.1937	90°	Saturn	13.04.1966	0°	Saturn
02.10.1937	90°	Saturn	23.10.1966	180°	Uranus
17.12.1937	90°	Saturn	09.02.1967	180°	Uranus
29.09.1943	90°	Uranus	15.10.1967	180°	Uranus
17.01.1946	90°	Saturn	27.02.1968	180°	Uranus
07.04.1946	90°	Saturn	06.10.1968	180°	Uranus
08.01.1947	90°	Saturn	15.03.1969	180°	Uranus
20.05.1947	90°	Saturn	29.09.1969	180°	Uranus
08.01.1948	90°	Saturn	01.04.1970	180°	Uranus
19.06.1948	90°	Saturn	22.09.1970	180°	Uranus
13.01.1949	90°	Saturn	18.04.1971	180°	Uranus
11.07.1949	90°	Saturn	14.09.1971	180°	Uranus
28.01.1950	90°	Saturn	05.05.1972	180°	Uranus
21.07.1950	90°	Saturn	04.09.1972	180°	Uranus
21.02.1951	90°	Saturn	24.05.1973	180°	Uranus
22.07.1951	90°	Saturn	26.08.1973	180°	Uranus
22.02.1952	180°	Uranus	16.06.1974	180°	Uranus
26.03.1952	90°	Saturn	12.08.1974	180°	Uranus
23.05.1952	180°	Uranus	27.08.1974	90°	Saturn
10.07.1952	90°	Saturn	21.03.1976	90°	Saturn
23.01.1953	180°	Uranus	11.06.1976	90°	Saturn
05.07.1953	180°	Uranus	17.08.1985	180°	Uranus
04.01.1954	180°	Uranus	01.10.1985	180°	Uranus
07.08.1954	180°	Uranus	25.02.1986	180°	Saturn
20.12.1954	180°	Uranus	04.03.1986	180°	Saturn

23.06.1986	180°	Uranus	22.12.1989	180°	Saturn
08.11.1986	180°	Uranus	30.07.1990	180°	Saturn
13.01.1987	180°	Saturn	29.12.1990	180°	Saturn
14.05.1987	180°	Saturn	11.08.1991	180°	Saturn
04.07.1987	180°	Uranus	14.01.1992	180°	Saturn
11.12.1987	180°	Uranus	15.08.1992	180°	Saturn
30.12.1987	180°	Saturn	07.02.1993	180°	Saturn
14.06.1988	180°	Uranus	14.08.1993	180°	Saturn
16.06.1988	180°	Saturn	11.03.1994	180°	Saturn
22.12.1988	180°	Saturn	09.08.1994	180°	Saturn
18.01.1989	180°	Uranus	23.04.1995	180°	Saturn
18.05.1989	180°	Uranus	28.06.1995	180°	Saturn
12.07.1989	180°	Saturn	10.10.1997	90°	Uranus

ANHANG

Die Bedeutung von Chiron

(Auszüge aus einem Vortrag, der am 16. Dezember 1979 vor der Astrologers' Guild in New York City gehalten wurde.)

Ganz einerlei als was Chiron sich für die Astronomen erweisen wird, für die Astrologen ist er ein bedeutendes Instrument. Zunächst hat Chiron einen eindeutigen Bezug zu Geburt und Schwangerschaft. Aber dieser Zusammenhang scheint soweit nur dann zu funktionieren, wenn die anstehende Geburt auf eine wichtige Veränderung im Leben des Betreffenden hinausläuft. Anscheinend gibt es auch eine gewisse Verbindung zu dem Fötus selber. Hier ein Fallbeispiel: Bei einer Frau stand der Radix-Chiron im 6.Feld. Als Pluto diesen im Quadrat transitierte, erlitt sie eine gewaltsame Fehlgeburt. Der Arzt meinte allerdings, daß es besser war so, denn wenn das Kind überlebt hätte, wäre es behindert gewesen. Wir kennen zahlreiche Einzelkinder, die plötzlich herausfinden, daß sie eine kleine Schwester oder einen kleinen Bruder bekommen, wenn Chiron ihre Himmelsmitte oder ihr 5.Feld transitiert. Ebenso häufig sind die Fälle, bei denen Chiron über das MC oder den Jupiter eines Erwachsenen läuft und wo diese Person dann feststellt, daß sie Nachwuchs erwartet. Zudem war Chiron bei vielen Solarhoroskopen im 5.Feld, wenn die Horoskopeigner innerhalb des nächsten Jahres Eltern wurden.

Es kann auch eine Verbindung zwischen Chiron und dem Zeichen Waage vorliegen, entweder dadurch, daß er teilweise in diesem Zeichen herrscht, oder aufgrund der Tatsache, daß Chiron sein Perihel in der Waage erreicht. Durch unsere Nachforschungen haben wir folgende Tatsache ausgegraben: die Waage trug in der Antike den Namen 'Zugon', welcher all das bezeichnet, was verbindet. Zugon kommt von dem Grundwort 'Zugos', von dem auch der Ausdruck Zygote abgeleitet wurde - das ist jenes embryonale Stadium, in dem sich Same und Ei bei der Empfängnis verbinden - die tatsächliche biologische Vereinigung, welche den Fötus bildet.

Chiron hat auch sehr viel mit Beziehungen zu tun, aber nicht auf diesselbe Weise wie das 7.Feld. Chiron konzentriert sich sehr viel tiefer auf die entscheidende Basis der Beziehung selber. Seit Pluto in die Waage eingetreten ist, konnten wir alle feststellen, daß sich Beziehungen in jeder Hinsicht verändert haben; tatsächlich haben sich vor allem die Definitionen von Beziehungen geändert. Chiron ist ein Instrument, mit dem wir das Fundament entdecken können, auf welchem jede Beziehung aufgebaut ist: er konzentriert sich auf die gemeinsamen Hintergründe, welche die Menschen vereinigen können. Und wir können durch die Aufdeckung dieser Grundlagen genau erkennen, was in einer Partnerschaft der Veränderung bedarf. Als Beispiel möchte ich ein Paar erwähnen, das ich Jill und Paul nennen werde. Jill beschreibt ihre frühe Beziehung zu Paul (der später ihr Ehemann wurde) als eine Kameradschaft, die sich auf gemeinsame Interessen wie Theater und Religion stützte. Sie spürten, daß sie über Ideen sprechen konnten.

Die beiden begegneten sich, als Chiron im Quadrat zu Jills Jupiter stand, dem Herrscher ihres 5.Feldes. Jupiter steht für Philosophie und Religion, während das 5.Feld dem Theater entspricht. In Pauls Horoskop hatte Chiron gerade ein Sextil zu Jupiter, aber, was noch bedeutsamer ist, er stand in Opposition zu seiner Sonne im 5.Feld.

Im Zusammenhang mit Chiron ist auch die Schüler/Lehrer-Beziehung von Bedeutung. Chiron repräsentiert oft den Wunsch des Lehrers, dem Schüler neue Welten zu eröffnen und einen Funken in ihm zu entfachen, daß er lernen will. Eng damit verknüpft schildert er viel von der frühen Erziehung, welche die Eltern einem angedeihen ließen, vor allem aber, wie sie sich jedem neuen Schritt in der Erziehung angenähert haben.

Chiron kann als ein Vermittler zwischen den Saturn- und Uranuskräften wirken, indem er die Haltungen beider filtert und in Begriffen auslegt, welche der andere jeweils versteht. Hier gibt es auch einen saturnalen Gesichtspunkt. Zum Beispiel kann Chiron einen eingreifenden Vermittler repräsentieren bei einer Auseinandersetzung zwischen einem traditionellen, an den Ideen der Vergangenheit haftenden Standpunkt, und einer unkonventionellen, auf die Zukunft ausgerichteten Sichtweise. Chiron gehört jedoch zu keinem der Extreme. Chiron ist vielmehr ein Unabhängiger, der sich mit keiner Partei oder Gruppe verbindet.

Dies bringt uns zu einer weiteren Verwendungsweise von Chiron, denn er zeigt uns, wer wirklich ein Einzelgänger ist. In der Tat ist Einzelgänger ein ausgezeichnetes Schlüsselwort für diesen Himmelskörper. Wenn man Saturn für einen Konservativen hält, der nach dem Establishment ausgerichtet ist, und Uranus für einen Ikonoklast oder Revolutionär, dann befindet sich Chiron genau in der Mitte dazwischen - nicht zum Establishment gehörig, aber auch nicht begierig, es zu zerstören.

Als Sadat nach Israel ging, nahm er unter seinen arabischen Gesinnungsgenossen eine deutliche Außenseiterposition ein. Selbstverständlich schuf er sich dadurch auch viele Feinde, denn seine Verbündeten vertraten den Grundsatz: "wer nicht für uns ist, der ist gegen uns." Chiron stand zu der Zeit exakt an Sadats MC. Und genau dies ist noch eine andere Seite von Chiron, denn er löst oft Feindschaften aus, weil er sich weigert, sich mit einer bestimmten Seite zu verbünden.

Chiron kann weiterhin ein Instrument sein, das uns zeigt, wie wir die Energie der Uranus/Saturn-Halbsumme am besten einsetzen. Dort, wohin diese Halbsumme fällt, kommt die Wechselbeziehung dieser zwei Planeten am stärksten zum Ausdruck. Aber es handelt sich meistens um eine sehr schwer anzapfbare Energie. Dort, wo Chiron steht, können wir diese zwei Kräfte aktiv integrieren und ihre Energie erschließen, um uns bewußt zu entwickeln und zu wachsen.

Ich meine, daß wir Chirons wichtigste Bedeutung als ein Instrument erkennen, wenn wir seine Auswirkungen bei Aspekten verstehen. Gegenwärtig konzentrieren wir uns auf die Erforschung von Konjunktion, Sextil, Quadrat, Trigon und Opposition. Ich vermute aber, daß die zukünftigen Untersuchungen auch die Signifikanz der übrigen Aspekte enthüllen werden.

Ich werde mit dem Quadrat beginnen, welches die am ehesten beobachtbaren Effekte zu bewirken scheint. Chiron im Quadrat erzeugt ein Bedürfnis nach konstantem Wiederausgleich dessen, was von dem anderen Planeten angedeutet wird. Es gibt bei dem aspektierten Planeten eine Tendenz, sich zwischen den Extremen hin und her zu verlagern. Die Ursache liegt in gewisser Weise darin, daß der Planet sich auf einem Gleis befindet und sich nicht entwickeln kann. Also wirft Chiron ihn aus dem Gleichgewicht und zwingt das Individuum dazu, nach etwas Fehlendem, oder nach einer Qualität, die hinzugefügt werden muß, zu suchen. Nur dann kann man in den Zustand des Ausgleiches zurückgelangen. Wenn man gelernt hat, das ständige Wachstum mit dem aspektierten Planeten zu berücksichtigen, dann gelingt es, das ständige Gleichgewicht beizubehalten.

Paul, den ich schon weiter oben erwähnt habe, hat Saturn im 1.Feld. Er genoß eine strenge Erziehung, welche bei ihm auch zu einer ernsten Lebenshaltung führte. Aber vieles wurde ihm dadurch auch vorenthalten, vor allem, wenn es für seine Eltern tabu war. Chiron steht im Quadrat zu seinem Saturn. Plötzlich ging er durch eine Phase von Verantwortungslosigkeiten, er konnte sich nicht zur Arbeit aufraffen und war unfähig, an notwendigen Aufgaben zu bleiben. Schließlich entdeckte er, daß ein Teil seiner Lebensstruktur, der in seiner Kindheit wurzelte, für ihn nicht mehr gültig ist. Er ersetzte dies durch eine gesündere und realistischere Einstellung und wurde bald wieder der hart arbeitende und verantwortungsbewußte Saturn-Aufsteiger.

Der Schauspieler Robin Williams, der die dummköpfige Figur Mork vom Planeten Ork mimte hat ebenfalls Chiron Quadrat Saturn. Ob vor der Kamera oder nicht, er ist immer gleich 'dummköpfig.' Er hat sein Quadrat ziemlich gelöst, da er keine Definition der Wirklichkeit als absolut akzeptiert, indem er keine Struktur als andauernd sieht, sondern die Dinge sich verändern läßt, wann immer eine Veränderung nötig ist. Seine ungewöhnliche Art von Humor ist teilweise ein Ergebnis dieses Quadrates, denn er besinnt sich auf Vorstellungen, welche der Durchschnittsmensch aufgrund seines rigiden Wirklichkeitssinnes nicht wahrnimmt.

Nun zur Opposition. Der Planet in Opposition entwickelt das Bedürfnis, ständig nach alternativen Ausdrucksmöglichkeiten zu suchen. Im positiven Fall erzeugt dies die Fähigkeit, einfache Hindernisse zu überwinden, indem man einen unkonventionellen Weg findet, diese zu umgehen. Im ungünstigen Fall gibt es sehr viele Schwierigkeiten, innerhalb irgendwelcher Regeln oder Grenzen zu arbeiten, denn der Planet möchte immer auf die andere Seite und über die Mauern hinausgehen.

Merkur Opposition Chiron ist ein sehr gutes Beispiel. Das Positive daran ist, daß Menschen mit diesem Aspekt eine außergewöhnliche Fähigkeit haben, dort Verbindungen zu erkennen, wo andere sie übersehen. Sie halten kein Problem für unlösbar und sehen immer einen Weg hinter jedem Hindernis. Sie sind großartig, wenn es darum geht, sich neue Fertigkeiten anzueignen, sie lernen schnell und lassen die Dinge nicht auf sich beruhen. Ihre Denkmuster sind anders und sie folgen keiner bestimmten Denkrichtung. Aber im negativen Sinne befinden sie sich in einer großen Schwierigkeit, wenn sie auf organisierte Art und Weise arbeiten müssen. Ihr Verstand treibt ständig aus der Struktur hinaus zu den vielen, vielen anderen Möglichkeiten und sie meinen, daß diese vernichtet werden, wenn man innerhalb der Strukturen bleibt.

Ganz anders ist die Situation dagegen, wenn Chiron in Konjunktion zu einem Planeten steht. Hier tritt die Einzelgängernatur Chirons mit ganzer Kraft zutage. Die planetaren Prinzipien sind nicht gewillt, sich nach irgendeinem Stil auszurichten und wirken indessen viel lieber unabhängig voneinander. Es besteht der Wunsch, die Planetenprinzipien zum Öffnen der Pforten in neue Welten zu verwenden, und zwar sowohl für sich selber, als auch für andere. Dies bringt auch einzelgängerische Methoden mit sich. Hier kann die Tendenz auftauchen, sich Feinde zu schaffen, vor allem in den Reihen von denjenigen, die meinen, normale Methoden wären die besten. Fernerhin besteht der Wunsch, Extreme auf gewisse Weise auszugleichen.

Ted Mack wurde mit einer sehr exakten Chiron-Merkur-Konjunktion geboren. Er hatte zahlreiche Fähigkeiten, so spielte er Klarinette, Saxophon und war sogar Bandleader. In jedem dieser Bereiche hatte er seinen einmaligen und eigenwilligen Stil. Aber sein Chiron drang erst richtig durch, als er Major Edward Bowes traf und Talentsucher für dessen Radiosendung 'The Original Amateur Hour' wurde. Als Talentsucher, und nach Bowes Tod als Gastgeber der Sendung, öffnete er für zehntausende Amateure die Tore und bot ihnen eine Chance zum Auftreten. Über 500 von ihnen wurden später Profis, darunter waren auch Frank Sinatra, Ann Margret und Pat Boone.

Huey P. Long war sein ganzes Leben lang ein Außenseiter. Er erwarb in Louisiana das Anwaltsexamen, obwohl er nicht regelmäßig an Juraseminaren teilnahm, sondern nur ein paar Semester lang am College war. Den Großteil seines juristischen Wissens erlangte er während seiner Beschäftigung als Handelsvertreter. Chiron war nur ein paar Minuten von seinem Mars entfernt, welcher außerdem eine exakte Konjunktion mit der Sonne hatte. Er war Senator und Gouverneur von Louisiana und genoß eine unvorstellbare Popularität beim einfachen Volk. Er nahm für

für sich in Anspruch, die Armen, die Enteigneten und die Landbevölkerung zu vertreten. Politisch führte er eine sehr unkonventionelle Kampagne durch, die völlig auf die wachsenden Mißstände der Bevölkerungsmehrheit außerhalb der Stadt abgestimmt war. Er griff die Standard Oil Company an und wurde der Verleumdung für schuldig erklärt, wodurch sich aber nur seine Popularität vergrößerte. Die Menschen spürten, daß es sich bei ihm um jemanden handelte, der zu keiner Gruppe gehört; sie spürten, daß sie durch ihn zum ersten Mal ihre eigene Macht über ihre traditionellen Feinde ausübten: das reiche und städtische Geschäftsestablishment. Er benutzte seinen Mars, um für das Volk eine Öffnung der Pforten zu erkämpfen. Er arbeitete ein Grundsatzprogramm aus mit dem Motto 'Teilt den Wohlstand!' und sagte solche eigenwilligen Dinge wie: "Jeder möchte König sein!"

Im August 1935 gab er seine Absicht kund, bei den Präsidentschaftswahlen gegen Roosevelt anzutreten. Roosevelts Mitarbeiterstab war alarmiert, denn Long vereinigte viele kleine Minoritätsinteressen zu einem großen Block. Dann, einen Monat später, wurde er von dem Sohn eines politischen Gegners angeschossen und umgebracht.

Als nächstes möchte ich Chiron im Trigon beschreiben. In den meisten Büchern wird das Trigon als ein leichter Aspekt typisiert, bei dem die zwei Planeten zusammenarbeiten, ohne daß das Individuum viel Mühe aufwenden müßte. Chiron im Trigon erzeugt ein einzelgängerisches Talent, welches für die betreffende Person völlig natürlich ist. Sie braucht keine Änderungen vorzunehmen, um ihre unabhängigen Standpunkte zum Ausdruck zu bringen; häufig zeigt sie diese offen.

Ein gutes Beispiel ist der Rockmusiker Frank Zappa, der bekannt ist für seinen unkonventionellen und eigenständigen Musikstil. Er ist ein Innovator, er versucht Neues, baut es aber in den traditionellen Stil ein. In den Sechziger Jahren hatte er eine Gruppe mit dem Namen 'The Mothers of Invention.' Seine Texte sind oft sehr obszön oder gehen über jeden herkömmlichen Wirklichkeitssinn hinaus, so etwa die folgende Zeile aus einem Lied: "Frage irgendein Gemüse nach etwas, und die Chancen stehen gut, daß es antwortet." Sein Chiron hat ein exaktes Trigon mit der Venus, was für den ästhetischen und musikalischen Geschmack steht.

Der letzte Aspekt, auf den ich näher eingehen möchte, ist das Sextil. Der größte Unterschied zwischen diesem und dem Trigon liegt darin, daß die Person mit Chiron-Sextil den anderen Planeten als ein Mittel benützt, um Türen zu öffnen und die etablierten Wege zu verlassen. Es ist der Aspekt, bei dem der positivste Ausdruck von Chiron mit der geringsten Reibung zum Vorschein kommt.

Alan Watts war ein Psychologe, der die rigiden Standpunkte der traditionellen Psychologie wie etwa der Freudianischen Richtung nicht ertrug. Er drang in sehr unkonventionelle Bereiche, wie zum Beispiel die östliche Mystik vor und hat versucht, dem Verstand und dem Ich Wege zu eröffnen, um die herkömmlichen Gesichtspunkte der Wirklichkeit zu überwinden. Er hatte Chiron im Sextil zu Sonne und Merkur.

Joe McDonald, wohl besser bekannt als Country Joe, wurde in den Sechziger Jahren als Rockmusiker bekannt. Er setzte seine Musik ein, um den Leuten seine Ansichten gegen den Vietnamkrieg nahezubringen. Viele Menschen wurden zu einer Anti-Kriegshaltung bekehrt, nachdem sie etwas von seiner musikalischen Philosophie gehört hatten, so etwa die folgende Zeile: "Sei der erste in deinem Block, der seinen Jungen in einer Kiste wieder nach Hause bekommt." Er singt nach wie vor engagierte Lieder und setzt sich heute vornehmlich für Greenpeace ein. Joe hat ein exaktes Chiron-Jupiter-Sextil.

Es gibt noch das riesige Feld der anderen Aspekte zu erforschen. Was haben beispielsweise Jack Benny und Ava Gardner gemeinsam? Nun, beide haben Chiron Quincunx Merkur. Und war vielleicht das Halbsextil zwischen Chiron und Uranus dafür verantwortlich, daß Hugh Hefner und Howard Hughes beide das Image des reichen Playboys hatten?

Einen weiteren Forschungsbereich, der sich als ein gutes Arbeitsmittel erweisen könnte, haben wir, wenn Chiron als erster Planet vor der Sonne aufgeht. Die anderen Planeten haben sich in dieser Position als höchst signifikant erwiesen, weil der Einzelne dann über spezielle Fertigkeiten im Umgang mit dem täglichen Leben verfügt; Chiron scheint einmalige Fähigkeiten zu bewirken, außergewöhnliche Umgangsformen, ja sogar die Fähigkeit, Menschen zu manipulieren. Bei einer ganzen Reihe von Persönlichkeiten steht Chiron vor der Sonne, darunter so unterschiedliche Menschen wie Neil Michelsen, Jim Jones (vom 'Peoples Temple'), Patricia Hearst, Judy Garland, Jean Harlow, Audrey Hepburn und William Holden. Hierzu müßten noch mehr Untersuchungen gemacht werden.

Nochmals ein ganz anderer Gegenstandsbereich, bei dem wir Chiron gut benützen können, ist die Felderstellung. Allerdings sind gute Untersuchungen aufgrund zweier Probleme schwierig. Erstens ist die Genauigkeit von Geburtsdaten oft fraglich. Zweitens verschieben die unterschiedlichen Feldersysteme Chiron mal in das eine, mal in das andere Feld. So habe ich also versucht, meine Forschungen auf die Geburtsdaten einzuschränken, die einigermaßen genau sind, sowie auf solche Felderpositionen, die in verschiedenen Systemen gleich bleiben.

Wie ich schon weiter oben ausgeführt habe, zeigt uns die Felderstellung, wie wir die Energie der Saturn/Uranus-Halbsumme am besten anzapfen können. Außerdem ist es der Lebensbereich, in dem man am ehesten aus den festgefahrenen Geleisen heraustreten und Beschränkungen entwachsen kann. Dies ist auch der Interessenbereich, in dem man Gleichgesinnte sucht. Und es ist das Feld der Lektionen.

Ganz egal, in welchem Zeichen Chiron nun herrscht - und vielleicht herrscht er auch gar nirgends - es gibt jedenfalls schon einige Anzeichen dafür, daß Chiron den Gezeitenwechsel des Weltgeschehens mitgestaltet. Dies hängt jeweils davon ab, ob er sich von Saturn zu Uranus hinbewegt, wie es etwa nach dem Zweiten Weltkrieg der Fall war, oder ob er in die andere Richtung geht, was seit November 1970 beobachtet werden kann. Ein Blick auf die letzten 25 Jahre ist sehr aufschlußreich.

Von 1955 bis 1960 war die Zeit der Beatniks, der Fusion großer Gewerkschaften wie AFL und CIO und der Eroberung des Himmels mit den ersten Satelliten. All das paßt gut zum Zeichen Wassermann, welches Chiron damals gerade besetzte.

In den Sechziger Jahren war Chiron überwiegend in den Fischen. Es war eine äußerst chaotische Zeit mit solch 'fischigen' Dingen wie einer bedeutenden Drogenkultur, der Suche nach spirituellen Wahrheiten, einem Zustrom von mystischen Religionen aus dem Osten und der Verwirrung durch einen Krieg (in Vietnam), der die USA aufspaltete und Enttäuschungen brachte.

1969 trat Chiron in den Widder ein, und es begann eine Periode, welche man die 'Ich'-Dekade nannte. Dies ist in sich selber schon ein sehr gutes Widderbild.

Dann wechselte Chiron 1977 über in den Stier, und es kam zu einer Verschiebung vom 'Ich' zum 'Mein' in den Einstellungen der Menschen. Die Leute wurden mehr und mehr von größeren Verlusten getroffen: Geld wurde knapper und Sparsamkeit wurde ein fester Begriff. Übrigens trat auch der Börsenkrach von 1929 genau dann ein, als Chiron im Stier war.

Wenn das Zeichen Chirons bestimmten Zeiträumen eine Grundfärbung verleiht, dann ist es offensichtlich, daß es auch die Kinder beeinflussen muß, die in der jeweiligen Zeit geboren werden. Den größten Vorrang in seiner Erforschung muß die Entdeckung von Chirons unterschiedlichen Wirkungen in den Zeichen einnehmen.

Ein letzter Punkt. Vor vielen Jahren stellte Charles Jayne Spekulationen über einen Himmelskörper an, den er Jason nannte, und dessen Umlaufbahn ziemlich ähnlich war mit der Chirons. Jason herrschte über Dinge, die 'in der Luft' lagen. Könnte es sich hierbei um etwas ähnliches gehandelt haben, wie bei Percival Lowell, welcher die Entdeckung Plutos schon 15 Jahre, bevor es soweit war, vorhersagte? In der Mythologie war Jason einer von Chirons Schülern. Könnte es sein, daß Charles Jayne, lange vor Chirons Entdeckung, schon auf einen bestimmten Gesichtspunkt seines Wesens eingestimmt war - nämlich das Schüler/Lehrer-Prinzip?

Das letzte Wort über Chiron ist noch nicht gesprochen und es gibt noch vieles zu erforschen.

Zane B. Stein

WENDEPUNKT CHIRON

ESSENZ UND ANWENDUNG
ISBN 3-925100-08-3

Mit seinem zweiten Buch dringt Stein noch weiter ein in das Wesen des neuen Planeten Chiron ein. Er setzt sich mit dem Wirklichkeitsbegriff auseinander und der Art, wie dieser durch Chiron verändert wird. Nach einem Abstecher in die Mythologie befaßt er sich intensiv mit 'Chiron, dem verwundeten Heiler'. Dabei gelingt es ihm eindringlich aufzuzeigen, wie sehr die Ereignisse der jüngsten Vergangenheit unter Chirons Einfluß stehen.

Im zweiten Teil widmet er sich eingehend den Aspekten zu den anderen Planeten, wobei auch die kleinen Aspekte zu Sprache kommen. Weitere Kapitel befassen sich mit der Wiederkehr auf die Radix-Position, Transiten, Mundan- und Partnerschaftsastrologie sowie Astrocartography. Alles in allem also eine abgerundete Ergänzung zu seinem ersten Standardwerk.

Hans-Jörg Walter
DER PLANET CHIRON
48 Seiten, ISBN 3-925100-03-2, DM 11,80

Für jeden, der sich schon mit Astrologie auseinandergesetzt hat ist dieses Buch unerläßlich, denn es ist ein hervorragender Einstieg in die praktische Arbeit mit dem neuen Planeten Chiron. Der Autor vermittelt dem Leser nicht nur ein detailliertes Wissen über die Mythologie Chirons, sondern liefert uns anhand einer eingehenden Interpretation von zahlreichen Beispielhoroskopen einen Schlüssel für die exakte Deutung. Er arbeitet die verschiedenen Facetten des Chiron-Prinzips heraus: unter anderem die Polarität Heil und Unheil, ebenso auch Chirons Beziehung zum Humor.

Hedwig Raiber
WIR WERDEN WAS WIR SIND
Auf der Suche nach Jenseitsvorstellungen
128 Seiten, ISBN 3-925100-04-0, DM 19,80

Wir alle werden eines Tages unausweichlich dem Tod ins Auge blicken müssen. Für jeden stellt sich daher die Frage, was ihn erwartet, wenn er über diese Schwelle schreitet. Steht uns die Hölle bevor, oder gehen wir ein in den Himmel? Enden wir im Nichts, oder könnte es sein, daß wir wiedergeboren werden? Was dieses Buch über ähnliche Werke erhebt, ist, daß nicht nur spekulative Folgerungen gezogen werden, sondern daß mittels einer wissenschaftlichen Befragung die Todesvorstellungen unserer gegenwärtigen Gesellschaft erfaßt wurden. Die Ergebnisse verweisen darauf, daß unser Bewußtsein nicht mit dem Tode erlischt, sondern daß uns beim Sterben das Tor zur Transzendenz geöffnet wird.

Stanley Krippner / Patrick Scott
ZWISCHEN HIMMEL UND ERDE
192 Seiten, ISBN 3-925100-05-9, DM 26,80

Der Mensch versuchte zu allen Zeiten, Krankheit zu überwinden, und jede Gesellschaft schult einige ihrer Mitglieder speziell für diese Tätigkeit. Ursprünglich lag dies in den den Händen der Schamanen, aber im Laufe der Zeit kam es zu einer Aufteilung der Heilungsfunktionen, gleichzeitig wurden aber die spirituellen Aspekte des Heilens immer mehr vernachläßigt. Trotzdem geriet das spirituelle Heilen nicht in Vergessenheit, wie die Autoren aufzeigen können. Die Darstellung ist sehr ausgewogen und gibt in klarer, gut belegter Weise das Pro und Contra der Kommunikation mit Geistwesen bzw. Gottheiten wieder. Für jeden der sich für den Schamanismus in Geschichte und Gegenwart interessiert, kann dieses Buch zu einem handlichen Nachschlagewerk werden. Sich mit den Kräften des Himmels und den Geistern der Erde zu verbinden, dieses Plädoyer der Autoren kann sehr wohl unserem Verständnis von 'krank sein' und 'heil werden' neue Impulse verschaffen.

Kenneth Cohen
DER HABICHT UND DIE SCHLANGE
84 Seiten, ISBN 3-925100-02-4, DM 15,80

Der Autor hat mit Alan Watts bei dessen Buch 'Der Lauf des Wassers' zusammengearbeitet und die hier gesammelten Aufsätze sind hervorragend für Einsteiger in das Thema Taoismus geeignet. Er vermittelt Einblicke in die Geschichte des Tai Chi Chuan und die Geomantie Chinas und bemüht sich immer, dem Leser auch die praktischen Seiten aufzuzeigen.

ANZEIGE

AstroBrain News

★ **UNSERE VORTEILE:** – Einziger Berechnungs-Service mit den authentischen, von Hans-H. Taeger entwickelten Spezial-Programmen/ – 8 Jahre Erfahrung im Versand astro-energetischer Fachberechnungen (1979-87)/ – prompte Bearbeitung Ihres Auftrags innerhalb von 24 Stunden/ – unschlagbar in Präzision und Detail/ – kostenlose Beilagen des 5-farbigen Karmagrammformulars, Neuigkeiten aus der Astro-Energetik-Szene, Katalog des Taeger-Archivs (z.Zt. 6000 Daten)/ – Lieferung in alle Welt (auch englischspr. Ausdrucke)/ – günstige Preise und Rabatte. –
★ **NEUE LIEFERBEDINGUNGEN (AB 1.7.1987):** Porto- und Versandpauschale: 5,- DM/ – ab 3 Bestellungen portofrei (ausgenommen Bestellungen aus dem Taeger-Archiv)/ – ab 5 Bestellungen 10% Rabatt/ – Sonderrabatte für Wiederverkäufer (Buchhandlungen)/ – bei telefonischen Bestellungen 1,- DM Preisnachlaß auf die Endrechnung.

Telefon: 0035 3/74/59223

Tel. Bestellzeiten: Mo.-Fr. 18-21 Uhr dt. Ortszeit

★ **TELEFONBESTELLER:** Eine Minute kostet Sie von Deutschland aus 86 Pfennige. Durch den Preisnachlaß von 1,- DM auf die Endrechnung wird eine 2-minütige Telefonbestellung nicht teurer als Ihre Postkarten- oder Brief-Order. Bereiten Sie Ihre telef. Bestellung bitte gut vor (genaue Daten, Zeiten, Best.-Nr., Felder-System etc.) und haben Sie Verständnis, daß wir Sie wegen der dreifach höheren Telefongebühren von Irland aus nicht zurückrufen können.
★ **WICHTIGE ANGABEN FÜR IHRE BESTELLUNGEN:** (vgl. Programmtitel auf der Umseite) A = Name/ B = Geburtsdaten/ C = Geburtsort/ (ggf. nächste größere Stadt)/ D = Geburtszeit (Stunde und Minute)/ E = Startmonat/ F = Startjahr/ G = vorwiegender Aufenthaltsort/ H = Startjahr des Solar-Asz./ I = Beginn der Beziehung/ J = Wahl zwischen Naibod- oder Individualbogen
★ **FELDERSYSTEME:** Bitte geben Sie immer das gewünschte Feldersystem an. (a): 30 Grad-Felder (äqual); (b): Koch-Felder; (c): Placidus-Felder. Beispiel: möchten Sie z.B. ein Solar bestellen, so geben Sie außer Ihren persönlichen Angaben (in diesem Fall: A/B/C/D/F/G) die Bestell-Nummer (3) und das Feldersystem (z.B. a = äquale Felder) an.
★ Legen Sie Ihrer Bestellung bitte einen Verrechnungsscheck bei oder überweisen Sie den Betrag auf das **Postscheckkonto von Hans-H. Taeger, Dortmund, Nr. 17293/465 (BLZ 440 100 46)**. (Versandpauschale, Telefonrabatt etc. bitte nicht vergessen)

– Die 18 Programmtitel des Astro-Brain Computer-Service: siehe folgende Seite –

ASTRO-BRAIN COMPUTER-SERVICE
Glenview-House, IRL-PORTSALON, Co. Donegal / Irland

Bestell-Nr.	Progr.-Titel	Umfang	Angaben	Preis
1 ***	**NATAL** (Version A)	2 Seiten	*A/B/C/D	10,-
2	**LUNASOLAR** (Sonne auf Mond) (früher Spiritual-Chart: Neumond- und Vollmondbild)	4 Seiten	*A/B/C/D/F/G	18,-
3	**SOLAR** (Sonne auf Sonne / 1 Jahr)	2 Seiten	*A/B/C/D/F/G	10,-
4	**TRANSITE** (Mars bis Pluto) (ab beliebigem Monat / – für 1 Jahr)	2 Seiten	*A/B/C/D/E/F	12,-
5	**COMPOSITE & PARTNERVERGL.** (Halbsummenbild & Winkelvergleich)	2 Seiten	*A/B/C/D-(2x)/ G/I	12,-
6	**HALBSUMMEN** (Midpoints) (106 Natal-Halbsummen & Natal-Vergleich)	2 Seiten	*A/B/C/D	10,-
7	**DIREKTIONEN** (Sonnenbogen-Direktionen f. 10 Jahre m. Naibod- od. Individualbogen)	1 Seite	*A/B/C/D/F/J	12,-
8	**LUNARE** (Mond auf Mond) (für 7 Monate)	14 Seiten	*A/B/C/D/ E/F/G	45,-
9	**BIORHYTHMEN** (graph. Rhythm. m. Daten wicht. Rhythm.-Auslösungen/ – f. 2 J.)	3 Seiten	*A/B/D/E/F	15,-
10	**BIORHYTHMEN-PARTNERSCHAFT** (Biorhythm f. 3 Pers. sowie Rhythmenvergleich/ – f. 10 Mon.)	4 Seiten	*A/B/D/E/F-(3x)	15,-
11	**SONNEN-TRANSIT-KALENDER** (immerwähr. + indiv. Sonnentransite/ – m. Solar-Aszendenten f. 12 J.)	2 Seiten	*A/B/C/D/G/H	12,-
12	**NATAL-HOLOGRAMM** (Ges.-Halbsummen d. Natal-Faktoren/ – u. a. m. retrogr. 7-J.-Rhythm.)	2 Seiten	*A/B/C/D	10,-
13	**NATAL-RHYTHMOGRAMM** (graph. Darstellung d. Natal-Felder-Rhythmik/ 6- u. 7-J.-Ryhthm.)	4 Seiten	*A/B/C/D	18,-
14	**HELIOZENTRISCHES NATAL** (m. Helio-Geo-Composite/ Holografierung u. neuer Helio-MEA)	2 Seiten	*A/B/C/D	10,-
15	**NATAL** (Version B) (wie NATAL-A, – jed. mit 28 der wichtigsten Fixsterne)	2 Seiten	*A/B/C/D	10,-
16	**ASTRO-BRAIN-ORAKEL** (Computer-Orakel: Planet/ Zeichen/ Feld m. exaktem Stundenbild)	2 Seiten	*A/B/C/D	12,-
17	**ASTRO-BRAIN-ANTIK** – Natal-Berechnung (Standard v. Natal-A) f. 5000 v.Chr.-1899 n.Chr.	2 Seiten	*A/B/C/D	10,-
18	**COMPOSITE-SPEZIAL** (Halbsummenbild f. 3 Partner)	2 Seiten	*A/B/C/D-(3x)/ G/I	12,-

ASTRON

ASTROLOGIE-COMPUTER- UND LERN - PROGRAMME

Astrologie-Taschencomputer

Ersetzt alle Taschenrechner und Tabellen. Computer mit verschiedenen ASTRON-Programmen und Handbuch ab DM 237,--, Drucker/Netzgerät DM 229,--. Ausbaufähige Systeme, bald mit 4-Farbzeichnung.

Astrologie-Tischcomputer-Programme

Neu: Deutungsprogramm für Astrologie Numerologie

ASTROCALC - Serie
International geschätzte Programme für fast alle gängigen Home- und Personal-Computer, zu vernünftigen Preisen. Z.B.: C64/128, CPC's, IBM u.v.a
Mit Horoskopzeichnung für C64/128, CPC, IBM.
Fast alle gebr. astrol. Techniken. (Radix DM 90,-)

Astrologie-Lern-Programme

Neu: Api-Huber-Super-Programm

ASTROCALC-A0-Anfänger-Paket
Für Anfänger ohne Vorkenntnisse. Ein einfaches Berechnungs-Programm und 2 ASTROTUTOR-I-Deutungs-Programme, 12 S. Heft: Einstieg in die astrologischen Grundlagen. DM 64,--.

ASTROTUTOR-I-Serie
5 Selbst-Lehrende Deutungs-Programme mit je zwei Lernstufen DM 65,-- (auch einzeln erhältlich).

ASTROTUTOR-III
Interpretations-Synthese einzelner Deutungselemente. Gesamt-Analyse mit astrologischer Kombinatorik. Selbst-Tests auf vielen Ebenen. DM 150,--

Bitte fordern Sie ausführliche Informationen an (DM 2,-- in Marken).

```
A S T R O N                     Klaus W. Bonert
Peter Marquard Strasse 4 A      D-2000 Hamburg 60
Telefon (International 0049-40) 040-270 19 08
```